SUPER VEGAN 2022

EINFACHE REZEPTE, UM IHRE GÄSTE ZU ÜBERRASCHEN

LIA BREHME

Inhaltsverzeichnis

Gegrillter Spargel mit grüner Paprika und Kürbis

Zutaten für die Marinade

1/4 Tasse natives Olivenöl extra

2 Esslöffel Honig

4 Teelöffel Balsamico-Essig

1 Teelöffel getrockneter Oregano

1 Teelöffel Knoblauchpulver

1/8 Teelöffel Regenbogenpfefferkörner

Meersalz

Pflanzliche Zutaten

1 Pfund frischer Spargel, getrimmt

3 kleine Karotten, längs halbiert

1 große süße grüne Paprika, in 1-Zoll-Streifen geschnitten

1 mittelgroßer gelber Sommerkürbis, in 1/2-Zoll-Scheiben geschnitten

1 mittelgroße gelbe Zwiebel, in Spalten geschnitten

Kombinieren Sie die Marinade-Zutaten.

Kombinieren Sie die 3 Esslöffel Marinade und Gemüse in einem Beutel.

1 1/2 Stunden bei Raumtemperatur oder über Nacht im Kühlschrank marinieren.

Grillen Sie das Gemüse bei mittlerer Hitze 8-12 Minuten lang oder bis es weich ist.

Die restliche Marinade darüberstreuen.

Einfache gegrillte Zucchini und rote Zwiebeln

Zutaten

2 große Zucchini, längs in ½-Zoll-Platten geschnitten

2 große rote Zwiebeln, in ½-Zoll-Ringe geschnitten, aber nicht in einzelne Ringe trennen

2 EL. Natives Olivenöl extra

2 EL. Ranch-Dressing-Mix

Jede Seite des Gemüses leicht mit Olivenöl bestreichen.

Mit der Ranch-Dressing-Mischung würzen

4 Minuten bei mittlerer Hitze grillen oder bis sie weich sind.

Einfache gegrillte Körner und Portobello

Zutaten

2 große Maiskolben, längs geschnitten

5 Stk. Portobello, gespült und abgetropft

Zutaten für die Marinade:

6 EL. Natives Olivenöl extra

Meersalz nach Geschmack

3 EL. destillierter weißer Essig

1 Teelöffel. dijon Senf

Das Gemüse mit den Dressing- oder Marinadezutaten 15 bis 30 Min. marinieren.

4 Minuten bei mittlerer Hitze grillen oder bis das Gemüse zart wird.

Gegrillte marinierte Aubergine und Zucchini

Zutaten

2 große Auberginen, längs geschnitten und halbiert

2 große Zucchini, längs eingeschnitten und halbiert

Zutaten für die Marinade:

6 EL. Natives Olivenöl extra

Meersalz nach Geschmack

3 EL. destillierter weißer Essig

1 Teelöffel. dijon Senf

Das Gemüse mit den Dressing- oder Marinadezutaten 15 bis 30 Min. marinieren.

4 Minuten bei mittlerer Hitze grillen oder bis das Gemüse zart wird.

Gegrillte Paprika und Broccolini

Zutaten

2 grüne Paprikaschoten, halbiert

10 Brokkolini-Röschen

Zutaten für die Marinade:

6 EL. Natives Olivenöl extra

Meersalz nach Geschmack

3 EL. destillierter weißer Essig

1 Teelöffel. dijon Senf

Das Gemüse mit den Dressing- oder Marinadezutaten 15 bis 30 Min. marinieren.

4 Minuten bei mittlerer Hitze grillen oder bis das Gemüse zart wird.

Gegrillter Blumenkohl und Rosenkohl

Zutaten

10 Blumenkohlröschen

10 Stk. Rosenkohl

Zutaten für die Marinade:

6 EL. Natives Olivenöl extra

Meersalz nach Geschmack

3 EL. destillierter weißer Essig

1 Teelöffel. dijon Senf

Das Gemüse mit den Dressing- oder Marinadezutaten 15 bis 30 Min. marinieren.

4 Minuten bei mittlerer Hitze grillen oder bis das Gemüse zart wird.

Gegrillter Mais und Crimini-Pilze

Zutaten

2 Hühneraugen, längs geschnitten

10 Crimini-Pilze, abgespült und abgetropft

Zutaten für die Marinade:

6 EL. Natives Olivenöl extra

Meersalz nach Geschmack

3 EL. destillierter weißer Essig

1 Teelöffel. dijon Senf

Das Gemüse mit den Dressing- oder Marinadezutaten 15 bis 30 Min. marinieren.

4 Minuten bei mittlerer Hitze grillen oder bis das Gemüse zart wird.

Gegrillte Auberginen, Zucchini und Mais

Zutaten

2 große Auberginen, längs geschnitten und halbiert

2 große Zucchini, längs eingeschnitten und halbiert

2 Hühneraugen, längs geschnitten

Zutaten für die Marinade:

6 EL. Natives Olivenöl extra

Meersalz nach Geschmack

3 EL. destillierter weißer Essig

1 Teelöffel. dijon Senf

Das Gemüse mit den Dressing- oder Marinadezutaten 15 bis 30 Min. marinieren.

4 Minuten bei mittlerer Hitze grillen oder bis das Gemüse zart wird.

Gegrillte Zucchini und Ananas

Zutaten

2 große Zucchini, längs in ½-Zoll-Platten geschnitten

2 große rote Zwiebeln, in ½-Zoll-Ringe geschnitten, aber nicht in einzelne Ringe trennen

1 mittelgroße Ananas, in 1/2-Zoll-Scheiben geschnitten

10 grüne Bohnen

Zutaten für die Marinade:

6 EL. Natives Olivenöl extra

Meersalz nach Geschmack

3 EL. destillierter weißer Essig

1 Teelöffel. dijon Senf

Das Gemüse mit den Dressing- oder Marinadezutaten 15 bis 30 Min. marinieren.

4 Minuten bei mittlerer Hitze grillen oder bis das Gemüse zart wird.

Gegrillter Portobello und Spargel

Zutaten

3 Stk. Portobello, gespült und abgetropft

2 Stk. Aubergine, längs geschnitten und halbiert

2 Stk. Zucchini, längs einschneiden und halbieren

6 Stk. Spargel

Zutaten für die Marinade:

6 EL. Natives Olivenöl extra

Meersalz nach Geschmack

3 EL. destillierter weißer Essig

1 Teelöffel. dijon Senf

Das Gemüse mit den Dressing- oder Marinadezutaten 15 bis 30 Min. marinieren.

4 Minuten bei mittlerer Hitze grillen oder bis das Gemüse zart wird.

Einfaches Rezept für gegrilltes Gemüse

Zutaten

3 Stk. Portobello, gespült und abgetropft

2 Stk. Aubergine, längs geschnitten und halbiert

2 Stk. Zucchini, längs einschneiden und halbieren

6 Stk. Spargel

Dressing-Zutaten

6 EL. Natives Olivenöl extra

Meersalz nach Geschmack

3 EL. Apfelessig

1 EL. Honig

1 Teelöffel. Eifreie Mayonnaise

Das Gemüse mit den Dressing- oder Marinadezutaten 15 bis 30 Min. marinieren.

4 Minuten bei mittlerer Hitze grillen oder bis das Gemüse zart wird.

Gegrillte japanische Auberginen und Shitake-Pilze

Zutaten

Hühneraugen, längs geschnitten

2 Stk. Japanische Aubergine, längs geschnitten und halbiert

Shitake-Pilz, abgespült und abgetropft

Dressing-Zutaten

6 EL. Olivenöl

Meersalz nach Geschmack

3 EL. Weißweinessig

1 Teelöffel. Eifreie Mayonnaise

Das Gemüse mit den Dressing- oder Marinadezutaten 15 bis 30 Min. marinieren.

4 Minuten bei mittlerer Hitze grillen oder bis das Gemüse zart wird.

Gegrillte japanische Aubergine und Broccolini

Zutaten

2 grüne Paprikaschoten, halbiert

10 Brokkolini-Röschen

2 Stk. Japanische Aubergine, längs geschnitten und halbiert

Dressing-Zutaten

6 EL. Sesamöl

Meersalz nach Geschmack

3 EL. destillierter weißer Essig

1 Teelöffel. Eifreie Mayonnaise

Das Gemüse mit den Dressing- oder Marinadezutaten 15 bis 30 Min. marinieren.

4 Minuten bei mittlerer Hitze grillen oder bis das Gemüse zart wird.

Gegrillter Blumenkohl und Rosenkohl

Zutaten

10 Blumenkohlröschen

10 Stk. Rosenkohl

Dressing-Zutaten

6 EL. Sesamöl

Meersalz nach Geschmack

3 EL. destillierter weißer Essig

1 Teelöffel. Eifreie Mayonnaise

Das Gemüse mit den Dressing- oder Marinadezutaten 15 bis 30 Min. marinieren.

4 Minuten bei mittlerer Hitze grillen oder bis das Gemüse zart wird.

Gegrillter Japaner und Blumenkohl-Rezept mit Balsamico-Glasur

Zutaten

2 grüne Paprikaschoten, längs halbiert

10 Blumenkohlröschen

2 Stk. Japanische Aubergine, längs geschnitten und halbiert

Dressing-Zutaten

6 EL. Natives Olivenöl extra

Meersalz nach Geschmack

3 EL. Balsamico Essig

1 Teelöffel. dijon Senf

Das Gemüse mit den Dressing- oder Marinadezutaten 15 bis 30 Min. marinieren.

4 Minuten bei mittlerer Hitze grillen oder bis das Gemüse zart wird.

Einfaches Rezept für gegrilltes Gemüse

Zutaten

2 große Auberginen, längs geschnitten und halbiert

1 große Zucchini, längs geschnitten und halbiert

5 Brokkoliröschen

Zutaten für die Marinade:

6 EL. Natives Olivenöl extra

Meersalz nach Geschmack

3 EL. destillierter weißer Essig

1 Teelöffel. dijon Senf

Das Gemüse mit den Dressing- oder Marinadezutaten 15 bis 30 Min. marinieren.

4 Minuten bei mittlerer Hitze grillen oder bis das Gemüse zart wird.

Gegrillte Aubergine und grüne Paprika Bell

Zutaten

2 grüne Paprikaschoten, halbiert

10 Brokkolini-Röschen

2 Stk. Aubergine, längs geschnitten und halbiert

Dressing-Zutaten

6 EL. Olivenöl

Meersalz nach Geschmack

3 EL. Weißweinessig

1 Teelöffel. Englischer Senf

Das Gemüse mit den Dressing- oder Marinadezutaten 15 bis 30 Min. marinieren.

4 Minuten bei mittlerer Hitze grillen oder bis das Gemüse zart wird.

Gegrillter Portobello-Spargel und grüne Bohnen mit Apfelwein-Vinaigrette

Zutaten

3 Stk. Portobello, gespült und abgetropft

2 Stk. Aubergine, längs geschnitten und halbiert

2 Stk. Zucchini, längs einschneiden und halbieren

6 Stk. Spargel

1 mittelgroße Ananas, in 1/2-Zoll-Scheiben geschnitten

10 grüne Bohnen

Dressing-Zutaten

6 EL. Natives Olivenöl extra

Meersalz nach Geschmack

3 EL. Apfelessig

1 EL. Honig

1 Teelöffel. Eifreie Mayonnaise

Das Gemüse mit den Dressing- oder Marinadezutaten 15 bis 30 Min. marinieren.

4 Minuten bei mittlerer Hitze grillen oder bis das Gemüse zart wird.

Gegrillte Bohnen und Portobello-Pilze

Zutaten

Hühneraugen, längs geschnitten

5 Stk. Portobello-Pilze, abgespült und abgetropft

10 grüne Bohnen

Dressing-Zutaten

6 EL. Olivenöl

Meersalz nach Geschmack

3 EL. Weißweinessig

1 Teelöffel. Eifreie Mayonnaise

Das Gemüse mit den Dressing- oder Marinadezutaten 15 bis 30 Min. marinieren.

4 Minuten bei mittlerer Hitze grillen oder bis das Gemüse zart wird.

Rosenkohl und grüne Bohnen

Zutaten

10 Blumenkohlröschen

10 Stk. Rosenkohl

10 grüne Bohnen

Dressing-Zutaten

6 EL. Olivenöl

Meersalz nach Geschmack

3 EL. Weißweinessig

1 Teelöffel. Eifreie Mayonnaise

Das Gemüse mit den Dressing- oder Marinadezutaten 15 bis 30 Min. marinieren.

4 Minuten bei mittlerer Hitze grillen oder bis das Gemüse zart wird.

Zucchini und Zwiebel im Ranch Dressing

Zutaten

2 große Zucchini, längs in ½-Zoll-Platten geschnitten

2 große rote Zwiebeln, in ½-Zoll-Ringe geschnitten, aber nicht in einzelne Ringe trennen

2 EL. Natives Olivenöl extra

2 EL. Ranch-Dressing-Mix

Das Gemüse mit den Dressing- oder Marinadezutaten 15 bis 30 Min. marinieren.

4 Minuten bei mittlerer Hitze grillen oder bis das Gemüse zart wird.

Gegrillte grüne Bohnen und Ananas in Balsamico-Vinaigrette

Zutaten

1 mittelgroße Ananas, in 1/2-Zoll-Scheiben geschnitten

10 grüne Bohnen

Dressing-Zutaten

6 EL. Natives Olivenöl extra

Meersalz nach Geschmack

3 EL. Balsamico Essig

1 Teelöffel. dijon Senf

Das Gemüse mit den Dressing- oder Marinadezutaten 15 bis 30 Min. marinieren.

4 Minuten bei mittlerer Hitze grillen oder bis das Gemüse zart wird.

Gegrillter Broccolini und Auberginen

Zutaten

1 große Auberginen, längs einschneiden und halbieren

1 große Zucchini, längs eingeschnitten und halbiert

10 grüne Bohnen

10 Brokkolini-Röschen

Zutaten für die Marinade:

6 EL. Natives Olivenöl extra

Meersalz nach Geschmack

3 EL. destillierter weißer Essig

1 Teelöffel. dijon Senf

Das Gemüse mit den Dressing- oder Marinadezutaten 15 bis 30 Min. marinieren.

4 Minuten bei mittlerer Hitze grillen oder bis das Gemüse zart wird.

Gegrillter Broccolini und grüne Paprika

Zutaten

2 grüne Paprikaschoten, halbiert

8 Brokkolini-Röschen

Dressing-Zutaten

6 EL. Sesamöl

Meersalz nach Geschmack

3 EL. destillierter weißer Essig

1 Teelöffel. Eifreie Mayonnaise

Das Gemüse mit den Dressing- oder Marinadezutaten 15 bis 30 Min. marinieren.

4 Minuten bei mittlerer Hitze grillen oder bis das Gemüse zart wird.

Gegrillte Zucchini und Karotten

Zutaten

2 große Zucchini, längs in ½-Zoll-Platten geschnitten

1 große rote Zwiebel, in ½-Zoll-Ringe geschnitten, aber nicht in einzelne Ringe trennen

1 große Karotte, geschält und längs geschnitten

Dressing-Zutaten

6 EL. Olivenöl

Meersalz nach Geschmack

3 EL. Weißweinessig

1 Teelöffel. Englischer Senf

Das Gemüse mit den Dressing- oder Marinadezutaten 15 bis 30 Min. marinieren.

4 Minuten bei mittlerer Hitze grillen oder bis das Gemüse zart wird.

Gegrillte Portobello-Pilze in Apfelwein-Vinaigrette

Zutaten

Hühneraugen, längs geschnitten

5 Stk. Portobello-Pilze, abgespült und abgetropft

Dressing-Zutaten

6 EL. Natives Olivenöl extra

Meersalz nach Geschmack

3 EL. Apfelessig

1 EL. Honig

1 Teelöffel. Eifreie Mayonnaise

Das Gemüse mit den Dressing- oder Marinadezutaten 15 bis 30 Min. marinieren.

4 Minuten bei mittlerer Hitze grillen oder bis das Gemüse zart wird.

Gegrillte Karotten mit Rosenkohl

Zutaten

10 Blumenkohlröschen

10 Stk. Rosenkohl

1 große Karotte, geschält und längs geschnitten

Dressing-Zutaten

6 EL. Olivenöl

Meersalz nach Geschmack

3 EL. Weißweinessig

1 Teelöffel. Eifreie Mayonnaise

Das Gemüse mit den Dressing- oder Marinadezutaten 15 bis 30 Min. marinieren.

4 Minuten bei mittlerer Hitze grillen oder bis das Gemüse zart wird.

Rezept für gegrillte Pastinaken und Zucchini

Zutaten

1 große Pastinake, geschält und längs geschnitten

1 große Zucchini, längs in ½-Zoll-Platten geschnitten

2 große rote Zwiebeln, in ½-Zoll-Ringe geschnitten, aber nicht in
einzelne Ringe trennen

Zutaten für die Marinade:

6 EL. Natives Olivenöl extra

Meersalz nach Geschmack

3 EL. destillierter weißer Essig

1 Teelöffel. dijon Senf

Das Gemüse mit den Dressing- oder Marinadezutaten 15 bis 30
Min. marinieren.

4 Minuten bei mittlerer Hitze grillen oder bis das Gemüse zart
wird.

Gegrillte Rübe in orientalischer Vinaigrette

Zutaten

1 große Rübe, geschält und längs geschnitten

2 grüne Paprikaschoten, halbiert

10 Brokkolini-Röschen

Dressing-Zutaten

6 EL. Sesamöl

Meersalz nach Geschmack

3 EL. destillierter weißer Essig

1 Teelöffel. Eifreie Mayonnaise

Das Gemüse mit den Dressing- oder Marinadezutaten 15 bis 30 Min. marinieren.

4 Minuten bei mittlerer Hitze grillen oder bis das Gemüse zart wird.

Gegrillte Karotte, Rübe und Portobello mit Balsamico-Glasur

Zutaten

1 große Karotte, geschält und längs geschnitten

1 große Rübe, geschält und längs geschnitten

1 Mais, längs geschnitten

2 Stk. Portobello-Pilze, abgespült und abgetropft

Dressing-Zutaten

6 EL. Natives Olivenöl extra

Meersalz nach Geschmack

3 EL. Balsamico Essig

1 Teelöffel. dijon Senf

Das Gemüse mit den Dressing- oder Marinadezutaten 15 bis 30 Min. marinieren.

4 Minuten bei mittlerer Hitze grillen oder bis das Gemüse zart wird.

Gegrillte Zucchini und Mangos

Zutaten

2 große Zucchini, längs eingeschnitten und halbiert

2 große Mangos, längs geschnitten und entkernt

Dressing-Zutaten

6 EL. Sesamöl

Meersalz nach Geschmack

3 EL. destillierter weißer Essig

1 Teelöffel. Eifreie Mayonnaise

Das Gemüse mit den Dressing- oder Marinadezutaten 15 bis 30 Min. marinieren.

4 Minuten bei mittlerer Hitze grillen oder bis das Gemüse zart wird.

Grillen Sie die Mango nur, bis Sie braune Grillspuren sehen.

Gegrillter Babymais und grüne Bohnen

Zutaten

½ Tasse Babymais

1 mittelgroße Ananas, in 1/2-Zoll-Scheiben geschnitten

10 grüne Bohnen

2 große rote Zwiebeln, in ½-Zoll-Ringe geschnitten, aber nicht in
einzelne Ringe trennen

Dressing-Zutaten

6 EL. Olivenöl

Meersalz nach Geschmack

3 EL. Weißweinessig

1 Teelöffel. Englischer Senf

Das Gemüse mit den Dressing- oder Marinadezutaten 15 bis 30
Min. marinieren.

4 Minuten bei mittlerer Hitze grillen oder bis das Gemüse zart
wird.

Gegrillte Artischockenherzen und Rosenkohl

Zutaten

½ Tasse Artischockenherzen aus der Dose

5 Brokkoliröschen

10 Stk. Rosenkohl

Dressing-Zutaten

6 EL. Olivenöl

Meersalz nach Geschmack

3 EL. Weißweinessig

1 Teelöffel. Eifreie Mayonnaise

Das Gemüse mit den Dressing- oder Marinadezutaten 15 bis 30 Min. marinieren.

4 Minuten bei mittlerer Hitze grillen oder bis das Gemüse zart wird.

Grilles Paprika Broccolini und Rosenkohl mit Honig-Apfel-Cidre-Glasur

Zutaten

10 Brokkolini-Röschen

½ Tasse Artischockenherzen aus der Dose

10 Rosenkohl

Dressing-Zutaten

6 EL. Natives Olivenöl extra

Meersalz nach Geschmack

3 EL. Apfelessig

1 EL. Honig

1 Teelöffel. Eifreie Mayonnaise

Das Gemüse mit den Dressing- oder Marinadezutaten 15 bis 30 Min. marinieren.

4 Minuten bei mittlerer Hitze grillen oder bis das Gemüse zart wird.

Gegrillte verschiedene Paprikaschoten mit Broccolini-Röschen Rezept

Zutaten

1 grüne Paprika, halbiert

1 gelbe Paprika, halbiert

1 rote Paprika, halbiert

10 Brokkolini-Röschen

Zutaten für die Marinade:

6 EL. Natives Olivenöl extra

Meersalz nach Geschmack

3 EL. destillierter weißer Essig

1 Teelöffel. dijon Senf

Das Gemüse mit den Dressing- oder Marinadezutaten 15 bis 30 Min. marinieren.

4 Minuten bei mittlerer Hitze grillen oder bis das Gemüse zart wird.

Gegrillte Aubergine, Zucchini mit verschiedenen Paprikaschoten

Zutaten

1 kleine Aubergine, längs geschnitten und halbiert

1 kleine Zucchini, längs geschnitten und halbiert

1 grüne Paprika, halbiert

1 gelbe Paprika, halbiert

1 rote Paprika, halbiert

Dressing-Zutaten

6 EL. Sesamöl

Meersalz nach Geschmack

3 EL. destillierter weißer Essig

1 Teelöffel. Eifreie Mayonnaise

Das Gemüse mit den Dressing- oder Marinadezutaten 15 bis 30 Min. marinieren.

4 Minuten bei mittlerer Hitze grillen oder bis das Gemüse zart wird.

Gegrillter Portobello und rote Zwiebel

Zutaten

1 Mais, längs geschnitten

5 Stk. Portobello-Pilze, abgespült und abgetropft

1 mittelgroße rote Zwiebel, in ½-Zoll-Ringe geschnitten, aber nicht in einzelne Ringe trennen

Dressing-Zutaten

6 EL. Natives Olivenöl extra

Meersalz nach Geschmack

3 EL. Balsamico Essig

1 Teelöffel. dijon Senf

Das Gemüse mit den Dressing- oder Marinadezutaten 15 bis 30 Min. marinieren.

4 Minuten bei mittlerer Hitze grillen oder bis das Gemüse zart wird.

Gegrillter Mais und rote Zwiebeln

Zutaten

2 große Zucchini, längs in ½-Zoll-Platten geschnitten

2 große rote Zwiebeln, in ½-Zoll-Ringe geschnitten, aber nicht in einzelne Ringe trennen

1 Mais, längs geschnitten

Dressing-Zutaten

6 EL. Sesamöl

Meersalz nach Geschmack

3 EL. destillierter weißer Essig

1 Teelöffel. Eifreie Mayonnaise

Das Gemüse mit den Dressing- oder Marinadezutaten 15 bis 30 Min. marinieren.

4 Minuten bei mittlerer Hitze grillen oder bis das Gemüse zart wird.

Gegrillter Rosenkohl Blumenkohl und Spargel

Zutaten

10 Blumenkohlröschen

5 Stk. Rosenkohl

6 Stk. Spargel

Dressing-Zutaten

6 EL. Olivenöl

Meersalz nach Geschmack

3 EL. Weißweinessig

1 Teelöffel. Englischer Senf

Das Gemüse mit den Dressing- oder Marinadezutaten 15 bis 30 Min. marinieren.

4 Minuten bei mittlerer Hitze grillen oder bis das Gemüse zart wird.

Gegrillte Zucchini-Auberginen Portobello und Spargel

Zutaten

3 Stk. Portobello, gespült und abgetropft

2 Stk. Aubergine, längs geschnitten und halbiert

2 Stk. Zucchini, längs einschneiden und halbieren

6 Stk. Spargel

Dressing-Zutaten

6 EL. Sesamöl

Meersalz nach Geschmack

3 EL. destillierter weißer Essig

1 Teelöffel. Eifreie Mayonnaise

Das Gemüse mit den Dressing- oder Marinadezutaten 15 bis 30 Min. marinieren.

4 Minuten bei mittlerer Hitze grillen oder bis das Gemüse zart wird.

Gegrillte grüne Paprika, Broccolini und Spargel Rezept

Zutaten

2 grüne Paprikaschoten, halbiert

5 Brokkolini-Röschen

6 Stk. Spargel

Dressing-Zutaten

6 EL. Natives Olivenöl extra

Meersalz nach Geschmack

3 EL. Apfelessig

1 EL. Honig

1 Teelöffel. Eifreie Mayonnaise

Das Gemüse mit den Dressing- oder Marinadezutaten 15 bis 30 Min. marinieren.

4 Minuten bei mittlerer Hitze grillen oder bis das Gemüse zart wird.

Gegrillter Portobello-Pilz und Zucchini

Zutaten

2 große Zucchini, längs in ½-Zoll-Platten geschnitten

2 große rote Zwiebeln, in ½-Zoll-Ringe geschnitten, aber nicht in einzelne Ringe trennen

2 Portobello-Pilze, halbiert

Zutaten für die Marinade:

6 EL. Natives Olivenöl extra

Meersalz nach Geschmack

3 EL. destillierter weißer Essig

1 Teelöffel. dijon Senf

Das Gemüse mit den Dressing- oder Marinadezutaten 15 bis 30 Min. marinieren.

4 Minuten bei mittlerer Hitze grillen oder bis das Gemüse zart wird.

Gegrillte Spargel-Ananas und grüne Bohnen

Zutaten

10 Brokkolini-Röschen

10 Stk. Spargel

1 mittelgroße Ananas, in 1/2-Zoll-Scheiben geschnitten

10 grüne Bohnen

Dressing-Zutaten

6 EL. Sesamöl

Meersalz nach Geschmack

3 EL. destillierter weißer Essig

1 Teelöffel. Eifreie Mayonnaise

Das Gemüse mit den Dressing- oder Marinadezutaten 15 bis 30 Min. marinieren.

4 Minuten bei mittlerer Hitze grillen oder bis das Gemüse zart wird.

Gegrillte grüne Bohnen und Auberginen

Zutaten

2 große Auberginen, längs geschnitten und halbiert

2 große Zucchini, längs eingeschnitten und halbiert

10 grüne Bohnen

Dressing-Zutaten

6 EL. Natives Olivenöl extra

Meersalz nach Geschmack

3 EL. Balsamico Essig

1 Teelöffel. dijon Senf

Das Gemüse mit den Dressing- oder Marinadezutaten 15 bis 30 Min. marinieren.

4 Minuten bei mittlerer Hitze grillen oder bis das Gemüse zart wird.

Gegrillter Spargel und Broccolini

Zutaten

Hühneraugen, längs geschnitten

5 Stk. Portobello-Pilze, abgespült und abgetropft

8 Stk. Spargel

Dressing-Zutaten

6 EL. Sesamöl

Meersalz nach Geschmack

3 EL. destillierter weißer Essig

1 Teelöffel. Eifreie Mayonnaise

Das Gemüse mit den Dressing- oder Marinadezutaten 15 bis 30 Min. marinieren.

4 Minuten bei mittlerer Hitze grillen oder bis das Gemüse zart wird.

Gegrillter Blumenkohl und Rosenkohl

Zutaten

10 Blumenkohlröschen

10 Stk. Rosenkohl

10 Brokkolini-Röschen

10 Stk. Spargel

Dressing-Zutaten

6 EL. Olivenöl

Meersalz nach Geschmack

3 EL. Weißweinessig

1 Teelöffel. Englischer Senf

Das Gemüse mit den Dressing- oder Marinadezutaten 15 bis 30 Min. marinieren.

4 Minuten bei mittlerer Hitze grillen oder bis das Gemüse zart wird.

Gegrillter Brokkoli und Broccolini-Röschen

Zutaten

2 grüne Paprikaschoten, halbiert

5 Brokkolini-Röschen

5 Brokkoliröschen

Dressing-Zutaten

6 EL. Sesamöl

Meersalz nach Geschmack

3 EL. destillierter weißer Essig

1 Teelöffel. Eifreie Mayonnaise

Das Gemüse mit den Dressing- oder Marinadezutaten 15 bis 30 Min. marinieren.

4 Minuten bei mittlerer Hitze grillen oder bis das Gemüse zart wird.

Gegrillte Zucchini Rote Zwiebeln Broccolini Röschen und Spargel

Zutaten

2 große Zucchini, längs in ½-Zoll-Platten geschnitten

2 große rote Zwiebeln, in ½-Zoll-Ringe geschnitten, aber nicht in einzelne Ringe trennen

10 Brokkolini-Röschen

10 Stk. Spargel

Dressing-Zutaten

6 EL. Natives Olivenöl extra

Meersalz nach Geschmack

3 EL. Apfelessig

1 EL. Honig

1 Teelöffel. Eifreie Mayonnaise

Das Gemüse mit den Dressing- oder Marinadezutaten 15 bis 30 Min. marinieren.

4 Minuten bei mittlerer Hitze grillen oder bis das Gemüse zart wird.

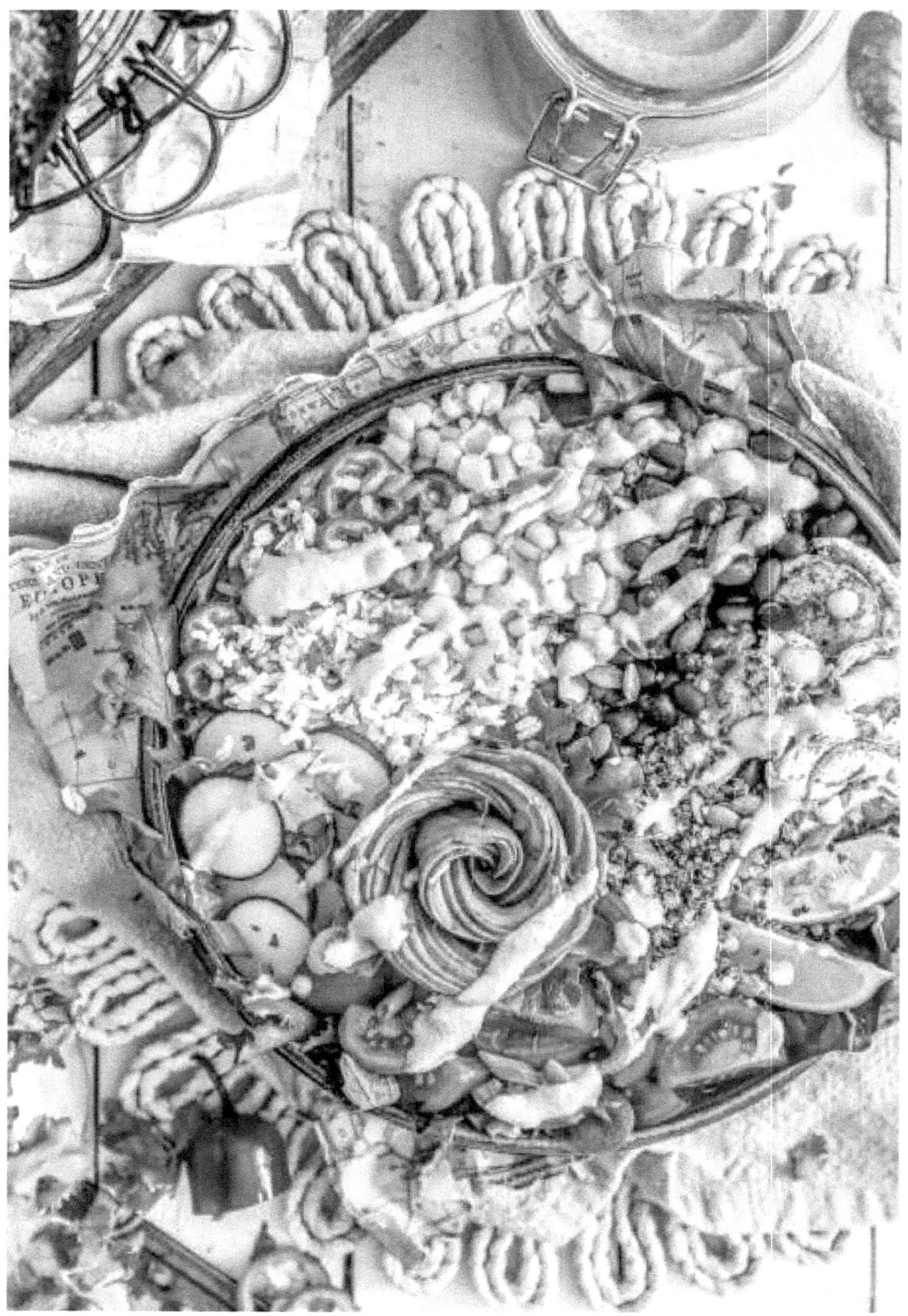

Gegrillte grüne Bohnen Spargel Broccolini Röschen und Ananas

Zutaten

10 Brokkolini-Röschen

10 Stk. Spargel

1 mittelgroße Ananas, in 1/2-Zoll-Scheiben geschnitten

10 grüne Bohnen

Zutaten für die Marinade:

6 EL. Natives Olivenöl extra

Meersalz nach Geschmack

3 EL. destillierter weißer Essig

1 Teelöffel. dijon Senf

Das Gemüse mit den Dressing- oder Marinadezutaten 15 bis 30 Min. marinieren.

4 Minuten bei mittlerer Hitze grillen oder bis das Gemüse zart wird.

Gegrillte Edamame-Bohnen

Zutaten

10 Edamame-Bohnen

10 Blumenkohlröschen

10 Stk. Rosenkohl

Dressing-Zutaten

6 EL. Olivenöl

Meersalz nach Geschmack

3 EL. Weißweinessig

1 Teelöffel. Eifreie Mayonnaise

Das Gemüse mit den Dressing- oder Marinadezutaten 15 bis 30 Min. marinieren.

4 Minuten bei mittlerer Hitze grillen oder bis das Gemüse zart wird.

Gegrillte Okra, Zucchini und rote Zwiebeln

Zutaten

5 Stk. Okra

2 große Zucchini, längs in ½-Zoll-Platten geschnitten

2 große rote Zwiebeln, in ½-Zoll-Ringe geschnitten, aber nicht in einzelne Ringe trennen

Dressing-Zutaten

6 EL. Natives Olivenöl extra

Meersalz nach Geschmack

3 EL. Balsamico Essig

1 Teelöffel. dijon Senf

Das Gemüse mit den Dressing- oder Marinadezutaten 15 bis 30 Min. marinieren.

4 Minuten bei mittlerer Hitze grillen oder bis das Gemüse zart wird.

Gegrillte Pastinaken und Zucchini

Zutaten

1 große Pastinake, längs geschnitten

2 große Zucchini, längs in ½-Zoll-Platten geschnitten

2 große rote Zwiebeln, in ½-Zoll-Ringe geschnitten, aber nicht in einzelne Ringe trennen

2 EL. Natives Olivenöl extra

2 EL. Ranch-Dressing-Mix

Das Gemüse mit den Dressing- oder Marinadezutaten 15 bis 30 Min. marinieren.

4 Minuten bei mittlerer Hitze grillen oder bis das Gemüse zart wird.

Gegrillte Pastinaken und Okra

Zutaten

1 große Pastinake, längs geschnitten

5 Stk. Okra

2 große Auberginen, längs geschnitten und halbiert

2 große Zucchini, längs eingeschnitten und halbiert

Dressing-Zutaten

6 EL. Olivenöl

Meersalz nach Geschmack

3 EL. Weißweinessig

1 Teelöffel. Englischer Senf

Das Gemüse mit den Dressing- oder Marinadezutaten 15 bis 30 Min. marinieren.

4 Minuten bei mittlerer Hitze grillen oder bis das Gemüse zart wird.

Gegrillter Brokkoli Pastinaken Okra und Spargel

Zutaten

5 Brokkolini-Röschen

1 große Pastinake, längs geschnitten

5 Stk. Okra

3 Stk. Spargel

Hühneraugen, längs geschnitten

2 Stk. Portobello-Pilze, abgespült und abgetropft

Zutaten für die Marinade:

6 EL. Natives Olivenöl extra

Meersalz nach Geschmack

3 EL. destillierter weißer Essig

1 Teelöffel. dijon Senf

Das Gemüse mit den Dressing- oder Marinadezutaten 15 bis 30 Min. marinieren.

4 Minuten bei mittlerer Hitze grillen oder bis das Gemüse zart wird.

Gegrillte Rübe und Paprika

Zutaten

1 große Rübe, längs geschnitten

2 grüne Paprikaschoten, halbiert

10 Brokkolini-Röschen

Dressing-Zutaten

6 EL. Natives Olivenöl extra

Meersalz nach Geschmack

3 EL. Apfelessig

1 EL. Honig

1 Teelöffel. Eifreie Mayonnaise

Das Gemüse mit den Dressing- oder Marinadezutaten 15 bis 30 Min. marinieren.

4 Minuten bei mittlerer Hitze grillen oder bis das Gemüse zart wird.

Gegrillter Blumenkohl und Broccolini

Zutaten

10 Blumenkohlröschen

10 Stk. Rosenkohl

10 Brokkolini-Röschen

10 Stk. Spargel

Dressing-Zutaten

6 EL. Sesamöl

Meersalz nach Geschmack

3 EL. destillierter weißer Essig

1 Teelöffel. Eifreie Mayonnaise

Das Gemüse mit den Dressing- oder Marinadezutaten 15 bis 30 Min. marinieren.

4 Minuten bei mittlerer Hitze grillen oder bis das Gemüse zart wird.

Gegrillte Rübe und Ananas

Zutaten

1 große Rübe, längs geschnitten

1 mittelgroße Ananas, in 1/2-Zoll-Scheiben geschnitten

10 grüne Bohnen

Dressing-Zutaten

6 EL. Sesamöl

Meersalz nach Geschmack

3 EL. destillierter weißer Essig

1 Teelöffel. Eifreie Mayonnaise

Das Gemüse mit den Dressing- oder Marinadezutaten 15 bis 30 Min. marinieren.

4 Minuten bei mittlerer Hitze grillen oder bis das Gemüse zart wird.

Gegrillte Pastinaken und Zucchini

Zutaten

1 große Pastinake, längs geschnitten

2 große Zucchini, längs in ½-Zoll-Platten geschnitten

2 große rote Zwiebeln, in ½-Zoll-Ringe geschnitten, aber nicht in einzelne Ringe trennen

Dressing-Zutaten

6 EL. Olivenöl

Meersalz nach Geschmack

3 EL. Weißweinessig

1 Teelöffel. Eifreie Mayonnaise

Das Gemüse mit den Dressing- oder Marinadezutaten 15 bis 30 Min. marinieren.

4 Minuten bei mittlerer Hitze grillen oder bis das Gemüse zart wird.

Gegrillte Rüben, rote Zwiebeln und Pastinaken

Zutaten

1 große Rübe, längs geschnitten

1 große Pastinake, längs geschnitten

1 große Zucchini, längs in ½-Zoll-Platten geschnitten

2 kleine rote Zwiebeln, in ½-Zoll-Ringe geschnitten, aber nicht in einzelne Ringe trennen

Dressing-Zutaten

6 EL. Natives Olivenöl extra

Meersalz nach Geschmack

3 EL. Balsamico Essig

1 Teelöffel. dijon Senf

Das Gemüse mit den Dressing- oder Marinadezutaten 15 bis 30 Min. marinieren.

4 Minuten bei mittlerer Hitze grillen oder bis das Gemüse zart wird.

Gegrillte Karotten, Pastinaken und Broccolini

Zutaten

1 große Karotte, längs geschnitten

1 große Pastinake, längs geschnitten

10 Brokkolini-Röschen

10 Stk. Spargel

10 grüne Bohnen

Dressing-Zutaten

6 EL. Olivenöl

Meersalz nach Geschmack

3 EL. Weißweinessig

1 Teelöffel. Englischer Senf

Das Gemüse mit den Dressing- oder Marinadezutaten 15 bis 30 Min. marinieren.

4 Minuten bei mittlerer Hitze grillen oder bis das Gemüse zart wird.

Gegrillter Spargel und Broccolini-Röschen

Zutaten

10 Brokkolini-Röschen

10 Stk. Spargel

Hühneraugen, längs geschnitten

5 Stk. Portobello-Pilze, abgespült und abgetropft

Zutaten für die Marinade:

6 EL. Natives Olivenöl extra

Meersalz nach Geschmack

3 EL. destillierter weißer Essig

1 Teelöffel. dijon Senf

Das Gemüse mit den Dressing- oder Marinadezutaten 15 bis 30 Min. marinieren.

4 Minuten bei mittlerer Hitze grillen oder bis das Gemüse zart wird.

Gegrillter Blumenkohl und Babymais

Zutaten

10 Blumenkohlröschen

½ Tasse Babymais aus der Dose

10 Stk. Rosenkohl

Dressing-Zutaten

6 EL. Natives Olivenöl extra

Meersalz nach Geschmack

3 EL. Apfelessig

1 EL. Honig

1 Teelöffel. Eifreie Mayonnaise

Das Gemüse mit den Dressing- oder Marinadezutaten 15 bis 30 Min. marinieren.

4 Minuten bei mittlerer Hitze grillen oder bis das Gemüse zart wird.

Gegrillte Artischockenherzen und Broccolini-Röschen

Zutaten

½ Tasse Artischockenherzen aus der Dose

10 Brokkolini-Röschen

Dressing-Zutaten

6 EL. Sesamöl

Meersalz nach Geschmack

3 EL. destillierter weißer Essig

1 Teelöffel. Eifreie Mayonnaise

Das Gemüse mit den Dressing- oder Marinadezutaten 15 bis 30 Min. marinieren.

4 Minuten bei mittlerer Hitze grillen oder bis das Gemüse zart wird.

Gegrillte Babykarotten und Auberginen

Zutaten

5 Stk. Baby Karotten

2 große Auberginen, längs geschnitten und halbiert

2 große Zucchini, längs eingeschnitten und halbiert

Dressing-Zutaten

6 EL. Sesamöl

Meersalz nach Geschmack

3 EL. destillierter weißer Essig

1 Teelöffel. Eifreie Mayonnaise

Das Gemüse mit den Dressing- oder Marinadezutaten 15 bis 30 Min. marinieren.

4 Minuten bei mittlerer Hitze grillen oder bis das Gemüse zart wird.

Gegrillte Babykarotten und Zucchini

Zutaten

7 Stk. Baby Karotten

2 große Zucchini, längs in ½-Zoll-Platten geschnitten

2 große rote Zwiebeln, in ½-Zoll-Ringe geschnitten, aber nicht in einzelne Ringe trennen

Dressing-Zutaten

6 EL. Olivenöl

Meersalz nach Geschmack

3 EL. Weißweinessig

1 Teelöffel. Eifreie Mayonnaise

Das Gemüse mit den Dressing- oder Marinadezutaten 15 bis 30 Min. marinieren.

4 Minuten bei mittlerer Hitze grillen oder bis das Gemüse zart wird.

Gegrillter Mais, Babymais und Spargel

Zutaten

10 Baby Hühneraugen

10 Stk. Spargel

Hühneraugen, längs geschnitten

Dressing-Zutaten

6 EL. Natives Olivenöl extra

Meersalz nach Geschmack

3 EL. Balsamico Essig

1 Teelöffel. dijon Senf

Das Gemüse mit den Dressing- oder Marinadezutaten 15 bis 30 Min. marinieren.

4 Minuten bei mittlerer Hitze grillen oder bis das Gemüse zart wird.

Gegrillte Babykarotten und Artischockenherzen

Zutaten

1 Tasse Artischockenherzen aus der Dose

2 große Zucchini, längs in ½-Zoll-Platten geschnitten

8 Stk. Baby Karotten

Dressing-Zutaten

6 EL. Olivenöl

Meersalz nach Geschmack

3 EL. Weißweinessig

1 Teelöffel. Englischer Senf

Das Gemüse mit den Dressing- oder Marinadezutaten 15 bis 30 Min. marinieren.

4 Minuten bei mittlerer Hitze grillen oder bis das Gemüse zart wird.

Gegrillte grüne Ananasbohnen und Artischockenherzen

Zutaten

1 mittelgroße Ananas, in 1/2-Zoll-Scheiben geschnitten

10 grüne Bohnen

1 Tasse Artischockenherzen aus der Dose

Zutaten für die Marinade:

6 EL. Natives Olivenöl extra

Meersalz nach Geschmack

3 EL. destillierter weißer Essig

1 Teelöffel. dijon Senf

Das Gemüse mit den Dressing- oder Marinadezutaten 15 bis 30 Min. marinieren.

4 Minuten bei mittlerer Hitze grillen oder bis das Gemüse zart wird.

Gegrillte grüne Ananasbohnen und Artischockenherzen

Gegrillter Broccolini und Babykarotten

Zutaten

10 Brokkolini-Röschen

10 Stk. Baby Karotten

2 große Zucchini, längs in ½-Zoll-Platten geschnitten

2 große rote Zwiebeln, in ½-Zoll-Ringe geschnitten, aber nicht in einzelne Ringe trennen

Dressing-Zutaten

6 EL. Olivenöl

Meersalz nach Geschmack

3 EL. Weißweinessig

1 Teelöffel. Eifreie Mayonnaise

Das Gemüse mit den Dressing- oder Marinadezutaten 15 bis 30 Min. marinieren.

4 Minuten bei mittlerer Hitze grillen oder bis das Gemüse zart wird.

Einfache gegrillte Babymais- und Blumenkohlröschen

Zutaten

10 Stk. Maiskölbchen

10 Blumenkohlröschen

10 Stk. Rosenkohl

Dressing-Zutaten

6 EL. Natives Olivenöl extra

Meersalz nach Geschmack

3 EL. Apfelessig

1 EL. Honig

1 Teelöffel. Eifreie Mayonnaise

Das Gemüse mit den Dressing- oder Marinadezutaten 15 bis 30 Min. marinieren.

4 Minuten bei mittlerer Hitze grillen oder bis das Gemüse zart wird.

Gegrillte Babykarotten und Paprika

Zutaten

8 Stk. Baby Karotten

2 grüne Paprikaschoten, halbiert

10 Brokkolini-Röschen

Dressing-Zutaten

6 EL. Sesamöl

Meersalz nach Geschmack

3 EL. destillierter weißer Essig

1 Teelöffel. Eifreie Mayonnaise

Das Gemüse mit den Dressing- oder Marinadezutaten 15 bis 30 Min. marinieren.

4 Minuten bei mittlerer Hitze grillen oder bis das Gemüse zart wird.

Gegrillter Babymais, Artischockenherzen und Auberginen

Zutaten

½ Tasse Babymais aus der Dose

½ Tasse Artischockenherzen aus der Dose

2 große Auberginen, längs geschnitten und halbiert

Dressing-Zutaten

6 EL. Olivenöl

Meersalz nach Geschmack

3 EL. Weißweinessig

1 Teelöffel. Eifreie Mayonnaise

Das Gemüse mit den Dressing- oder Marinadezutaten 15 bis 30 Min. marinieren.

4 Minuten bei mittlerer Hitze grillen oder bis das Gemüse zart wird.

Gegrillte Babykarotten und rote Zwiebeln

Zutaten

½ Tasse Babykarotten

2 große Zucchini, längs in ½-Zoll-Platten geschnitten

2 große rote Zwiebeln, in ½-Zoll-Ringe geschnitten, aber nicht in einzelne Ringe trennen

Dressing-Zutaten

6 EL. Natives Olivenöl extra

Meersalz nach Geschmack

3 EL. Balsamico Essig

1 Teelöffel. dijon Senf

Das Gemüse mit den Dressing- oder Marinadezutaten 15 bis 30 Min. marinieren.

4 Minuten bei mittlerer Hitze grillen oder bis das Gemüse zart wird.

Gegrillter Broccolini-Spargel und Portobello-Pilz

Zutaten

10 Brokkolini-Röschen

10 Stk. Spargel

Hühneraugen, längs geschnitten

5 Stk. Portobello-Pilze, abgespült und abgetropft

Dressing-Zutaten

6 EL. Sesamöl

Meersalz nach Geschmack

3 EL. destillierter weißer Essig

1 Teelöffel. Eifreie Mayonnaise

Das Gemüse mit den Dressing- oder Marinadezutaten 15 bis 30 Min. marinieren.

4 Minuten bei mittlerer Hitze grillen oder bis das Gemüse zart wird.

Gegrillte Artischockenherzen

Zutaten

1 Tasse Artischockenherzen aus der Dose

2 große rote Zwiebeln, in ½-Zoll-Ringe geschnitten, aber nicht in einzelne Ringe trennen

Dressing-Zutaten

6 EL. Olivenöl

Meersalz nach Geschmack

3 EL. Weißweinessig

1 Teelöffel. Englischer Senf

Das Gemüse mit den Dressing- oder Marinadezutaten 15 bis 30 Min. marinieren.

4 Minuten bei mittlerer Hitze grillen oder bis das Gemüse zart wird.

Gegrillte Babykarotten und Pilze

Zutaten

10 Stk. Baby Karotten

1 Tasse Champignons aus der Dose

Dressing-Zutaten

6 EL. Olivenöl

Meersalz nach Geschmack

3 EL. Weißweinessig

1 Teelöffel. Eifreie Mayonnaise

Das Gemüse mit den Dressing- oder Marinadezutaten 15 bis 30 Min. marinieren.

4 Minuten bei mittlerer Hitze grillen oder bis das Gemüse zart wird.

Gegrillte Artischockenherzen und Spargel

Zutaten

½ Tasse Artischockenherzen aus der Dose

10 Brokkolini-Röschen

10 Stk. Spargel

Dressing-Zutaten

6 EL. Natives Olivenöl extra

Meersalz nach Geschmack

3 EL. Apfelessig

1 EL. Honig

1 Teelöffel. Eifreie Mayonnaise

Das Gemüse mit den Dressing- oder Marinadezutaten 15 bis 30 Min. marinieren.

4 Minuten bei mittlerer Hitze grillen oder bis das Gemüse zart wird.

Gegrillte Zucchini

Zutaten

2 große Zucchini, längs in ½-Zoll-Platten geschnitten

Dressing-Zutaten

6 EL. Olivenöl

Meersalz nach Geschmack

3 EL. Weißweinessig

1 Teelöffel. Eifreie Mayonnaise

Das Gemüse mit den Dressing- oder Marinadezutaten 15 bis 30 Min. marinieren.

4 Minuten bei mittlerer Hitze grillen oder bis das Gemüse zart wird.

Gegrillte Aubergine mit Balsamico-Glasur

Zutaten

2 große Auberginen, längs geschnitten und halbiert

Dressing-Zutaten

6 EL. Natives Olivenöl extra

Meersalz nach Geschmack

3 EL. Balsamico Essig

1 Teelöffel. dijon Senf

Das Gemüse mit den Dressing- oder Marinadezutaten 15 bis 30 Min. marinieren.

4 Minuten bei mittlerer Hitze grillen oder bis das Gemüse zart wird.

Gegrillter Römersalat und Tomaten

Zutaten

10 Brokkolini-Röschen

10 Stk. Rosenkohl

10 Stk. Spargel

1 Bund Römersalatblätter

2 mittelgroße Karotten, längs einschneiden und halbieren

4 große Tomaten, dick geschnitten

Dressing-Zutaten:

6 EL. Natives Olivenöl extra

1 Teelöffel. Zwiebelpulver

Meersalz nach Geschmack

3 EL. destillierter weißer Essig

1 Teelöffel. dijon Senf

Alle Dressing-Zutaten gründlich vermischen.

Heizen Sie Ihren Grill auf niedrige Hitze vor und fetten Sie die Roste ein.

Den Gemüsegrill für 12 Minuten pro Seite schichten, bis er einmal zart ist.

Mit den Marinade-/Dressing-Zutaten bestreichen

Gegrillte Zucchini und Paprika

Zutaten

1 Pfund Zucchini, längs in kürzere Stifte geschnitten

1 Pfund grüne Paprika, in breite Streifen geschnitten

1 große rote Zwiebel, in 1/2 Zoll dicke Runden geschnitten

1/3 Tasse italienische Petersilie oder Basilikum, fein gehackt

Dressing-Zutaten

6 EL. Olivenöl

1 Teelöffel. Knoblauchpulver

1 Teelöffel. Zwiebelpulver

Meersalz nach Geschmack

3 EL. Weißweinessig

1 Teelöffel. Englischer Senf

Alle Dressing-Zutaten gründlich vermischen.

Heizen Sie Ihren Grill auf niedrige Hitze vor und fetten Sie die Roste ein.

Den Gemüsegrill für 12 Minuten pro Seite schichten, bis er einmal zart ist.

Mit den Marinade-/Dressing-Zutaten bestreichen

Gegrillte Aubergine und rote Zwiebel

Zutaten

1 Pfund Aubergine, längs in kürzere Stifte geschnitten

1 Pfund grüne Paprika, in breite Streifen geschnitten

1 große rote Zwiebel, in 1/2 Zoll dicke Runden geschnitten

1/3 Tasse italienische Petersilie oder Basilikum, fein gehackt

Dressing-Zutaten:

6 EL. Natives Olivenöl extra

1 Teelöffel. Zwiebelpulver

Meersalz nach Geschmack

3 EL. destillierter weißer Essig

1 Teelöffel. dijon Senf

Alle Dressing-Zutaten gründlich vermischen.

Heizen Sie Ihren Grill auf niedrige Hitze vor und fetten Sie die Roste ein.

Den Gemüsegrill für 12 Minuten pro Seite schichten, bis er einmal zart ist.

Mit den Marinade-/Dressing-Zutaten bestreichen

Gegrillter Spargel Rosenkohl Broccolini Röschen

Zutaten

10 Stk. Spargel

1 Bund Römersalatblätter

10 Brokkolini-Röschen

10 Stk. Rosenkohl

2 mittelgroße Karotten, längs einschneiden und halbieren

4 große Tomaten, dick geschnitten

Dressing-Zutaten

6 EL. Olivenöl

3 Spritzer Tabasco scharfe Sauce

Meersalz nach Geschmack

3 EL. Weißweinessig

1 Teelöffel. Eifreie Mayonnaise

Alle Dressing-Zutaten gründlich vermischen.

Heizen Sie Ihren Grill auf niedrige Hitze vor und fetten Sie die Roste ein.

Den Gemüsegrill für 12 Minuten pro Seite schichten, bis er einmal zart ist.

Mit den Marinade-/Dressing-Zutaten bestreichen

Gegrillte Zucchini in Honig-Apfel-Cidre-Glasur

Zutaten

1 Pfund Zucchini, längs in kürzere Stifte geschnitten

1 Pfund grüne Paprika, in breite Streifen geschnitten

1 große rote Zwiebel, in 1/2 Zoll dicke Runden geschnitten

1/3 Tasse italienische Petersilie oder Basilikum, fein gehackt

Dressing-Zutaten

6 EL. Natives Olivenöl extra

Meersalz nach Geschmack

3 EL. Apfelessig

1 EL. Honig

1 Teelöffel. Eifreie Mayonnaise

Alle Dressing-Zutaten gründlich vermischen.

Heizen Sie Ihren Grill auf niedrige Hitze vor und fetten Sie die Roste ein.

Den Gemüsegrill für 12 Minuten pro Seite schichten, bis er einmal zart ist.

Mit den Marinade-/Dressing-Zutaten bestreichen

Gegrillte Zucchini-Artischocken-Herzen und rote Zwiebel

Zutaten

1/2 Pfund Zucchini, längs in kürzere Stifte geschnitten

½ Tasse Artischockenherzen aus der Dose

1 Pfund grüne Paprika, in breite Streifen geschnitten

1 große rote Zwiebel, in 1/2 Zoll dicke Runden geschnitten

1/3 Tasse italienische Petersilie oder Basilikum, fein gehackt

Dressing-Zutaten

6 EL. Natives Olivenöl extra

Meersalz nach Geschmack

3 EL. Balsamico Essig

1 Teelöffel. dijon Senf

Alle Dressing-Zutaten gründlich vermischen.

Heizen Sie Ihren Grill auf niedrige Hitze vor und fetten Sie die Roste ein.

Den Gemüsegrill für 12 Minuten pro Seite schichten, bis er einmal zart ist.

Mit den Marinade-/Dressing-Zutaten bestreichen

Gegrillte Zucchini- und Brokkolini-Röschen

Zutaten

1 Pfund Zucchini, längs in kürzere Stifte geschnitten

1 Pfund grüne Paprika, in breite Streifen geschnitten

10 Brokkolini-Röschen

10 Stk. Rosenkohl

1 große rote Zwiebel, in 1/2 Zoll dicke Runden geschnitten

1/3 Tasse italienische Petersilie oder Basilikum, fein gehackt

Dressing-Zutaten

6 EL. Olivenöl

1 Teelöffel. Knoblauchpulver

1 Teelöffel. Zwiebelpulver

Meersalz nach Geschmack

3 EL. Weißweinessig

1 Teelöffel. Englischer Senf

Alle Dressing-Zutaten gründlich vermischen.

Heizen Sie Ihren Grill auf niedrige Hitze vor und fetten Sie die Roste ein.

Den Gemüsegrill für 12 Minuten pro Seite schichten, bis er einmal zart ist.

Mit den Marinade-/Dressing-Zutaten bestreichen

Artischocken-Kapern und Artischockenherz-Salat

Zutaten:

1 Artischocke, abgespült, getupft und zerkleinert

½ Tasse Kapern

½ Tasse Artischockenherzen

Dressing

2 EL. Weißweinessig

4 Esslöffel natives Olivenöl extra

Frisch gemahlener schwarzer Pfeffer

3/4 Tasse fein gemahlene Mandeln

Meersalz

Vorbereitung

Alle Zutaten für das Dressing in einer Küchenmaschine vermischen.

Mit den restlichen Zutaten vermengen und gut vermischen.

Gemischter Gemüsesalat mit Babymais und Artischockenherzen

Zutaten:

1 Bund Mesclun, gespült, getupft und zerkleinert

½ Tasse Babymais aus der Dose

½ Tasse Artischockenherzen

Dressing

2 EL. Weißweinessig

4 Esslöffel natives Olivenöl extra

Frisch gemahlener schwarzer Pfeffer

3/4 Tasse fein gemahlene Erdnüsse

Meersalz

Vorbereitung

Alle Zutaten für das Dressing in einer Küchenmaschine vermischen.

Mit den restlichen Zutaten vermengen und gut vermischen.

Römersalat mit Tomatillo-Dressing

Zutaten:

1 Kopf Römersalat, zerkleinert

4 große Tomaten, entkernt und gehackt

4 Radieschen, in dünne Scheiben geschnitten

Dressing

6 Tomaten, abgespült und halbiert

1 Jalapeno, halbiert

1 weiße Zwiebel, geviertelt

2 Esslöffel natives Olivenöl extra

Koscheres Salz und frisch gemahlener schwarzer Pfeffer

1/2 Teelöffel gemahlener Kreuzkümmel

1 Tasse milchfreier Frischkäse

2 Esslöffel frischer Zitronensaft

Hilfskoch

Den Ofen auf 400 Grad F vorheizen.

Für das Dressing Tomatillos, Jalapeno und Zwiebel auf ein

Backblech legen.

Mit Olivenöl beträufeln und mit Salz und Pfeffer bestreuen.

25-30 min im Ofen backen. bis das Gemüse anfängt zu bräunen und etwas dunkler zu werden.

In eine Küchenmaschine geben und abkühlen lassen, dann pürieren.

Restliche Zutaten dazugeben und eine Stunde kalt stellen.

Mit den restlichen Zutaten vermengen und gut vermischen.

Griechischer Römersalat und Tomatensalat

Zutaten:

1 Kopf Römersalat, gehackt

4 ganze reife Tomaten, jeweils in 6 Keile geschnitten, dann jede
Keil halbiert

1 ganze mittelgroße Gurke, geschält, längs viertelt und in große
Stücke gewürfelt

1/2 ganze weiße Zwiebel, sehr dünn geschnitten

30 ganze entkernte grüne Oliven, längs halbiert, plus 6 Oliven, fein
gehackt

6 Unzen zerbröckelter veganer Käse

Frische Petersilienblätter, grob gehackt

Dressing

1/4 Tasse natives Olivenöl extra

2 Esslöffel Weißweinessig

1 Teelöffel Zucker oder mehr nach Geschmack

1 Knoblauchzehe, gehackt

Salz und frisch gemahlener schwarzer Pfeffer

Saft von ½ Zitrone

Meersalz

Vorbereitung

Alle Zutaten für das Dressing in eine Küchenmaschine geben und mixen.

Bei Bedarf mit mehr Salz würzen.

Alle Zutaten zusammen mischen.

Pflaumen-Tomaten-Gurken-Salat

Zutaten:

5 mittelgroße Pflaumentomaten, längs halbiert, entkernt und in dünne Scheiben geschnitten

1/4 weiße Zwiebel, geschält, längs halbiert und in dünne Scheiben geschnitten

1 große Gurke, längs halbiert und in dünne Scheiben geschnitten

Dressing

¼ Tasse natives Olivenöl extra

2 Spritzer Weißweinessig

Grobes Salz und schwarzer Pfeffer

Vorbereitung

Alle Dressing-Zutaten mischen.

Mit den restlichen Zutaten vermengen und gut vermischen.

Enoki-Pilz- und Gurkensalat

Zutaten:

15 Enoki-Pilze, in dünne Scheiben geschnitten

1/4 weiße Zwiebel, geschält, längs halbiert und in dünne Scheiben geschnitten

1 große Gurke, längs halbiert und in dünne Scheiben geschnitten

Dressing

¼ Tasse natives Olivenöl extra

2 Spritzer Weißweinessig

Grobes Salz und schwarzer Pfeffer

Vorbereitung

Alle Dressing-Zutaten mischen.

Mit den restlichen Zutaten vermengen und gut vermischen.

Tomaten-Zucchini-Salat

Zutaten:

5 mittelgroße Tomaten, längs halbiert, entkernt und in dünne Scheiben geschnitten
1/4 weiße Zwiebel, geschält, längs halbiert und in dünne Scheiben geschnitten
1 große Zucchini längs halbiert, in dünne Scheiben geschnitten & blanchiert

Dressing
¼ Tasse natives Olivenöl extra
2 EL. Apfelessig
Grobes Salz und schwarzer Pfeffer

Vorbereitung
Alle Dressing-Zutaten mischen.

Mit den restlichen Zutaten vermengen und gut vermischen.

Tomatillos mit Gurkensalat

Zutaten:

10 Tomatillos, längs halbiert, entkernt und in dünne Scheiben geschnitten

1/4 weiße Zwiebel, geschält, längs halbiert und in dünne Scheiben geschnitten

1 große Gurke, längs halbiert und in dünne Scheiben geschnitten

Dressing

¼ Tasse natives Olivenöl extra

2 Spritzer Weißweinessig

Grobes Salz und schwarzer Pfeffer

Vorbereitung

Alle Dressing-Zutaten mischen.

Mit den restlichen Zutaten vermengen und gut vermischen.

Pflaumen-Tomaten-Zwiebel-Salat

Zutaten:

5 mittelgroße Pflaumentomaten, längs halbiert, entkernt und in dünne Scheiben geschnitten

1/4 weiße Zwiebel, geschält, längs halbiert und in dünne Scheiben geschnitten

1 große Gurke, längs halbiert und in dünne Scheiben geschnitten

Dressing

¼ Tasse natives Olivenöl extra

2 EL. Apfelessig

Grobes Salz und schwarzer Pfeffer

Vorbereitung

Alle Dressing-Zutaten mischen.

Mit den restlichen Zutaten vermengen und gut vermischen.

Zucchini-Tomaten-Salat

Zutaten:

5 mittelgroße Tomaten, längs halbiert, entkernt und in dünne
Scheiben geschnitten
1/4 weiße Zwiebel, geschält, längs halbiert und in dünne Scheiben
geschnitten
1 große Zucchini längs halbiert, in dünne Scheiben geschnitten
und blanchiert

Dressing
¼ Tasse natives Olivenöl extra
2 Spritzer Weißweinessig
Grobes Salz und schwarzer Pfeffer

Vorbereitung
Alle Dressing-Zutaten mischen.

Mit den restlichen Zutaten vermengen und gut vermischen.

Erbstück Tomatensalat

Zutaten:

3 Heirloom-Tomaten, längs halbiert, entkernt und in dünne Scheiben geschnitten

1/4 weiße Zwiebel, geschält, längs halbiert und in dünne Scheiben geschnitten

1 große Gurke, längs halbiert und in dünne Scheiben geschnitten

Dressing

¼ Tasse natives Olivenöl extra

2 Spritzer Weißweinessig

Grobes Salz und schwarzer Pfeffer

Vorbereitung

Alle Dressing-Zutaten mischen.

Mit den restlichen Zutaten vermengen und gut vermischen.

Enoki-Pilzsalat

Zutaten:

15 Enoki-Pilze, in dünne Scheiben geschnitten

1/4 weiße Zwiebel, geschält, längs halbiert und in dünne Scheiben geschnitten

1 große Gurke, längs halbiert und in dünne Scheiben geschnitten

Dressing

¼ Tasse natives Olivenöl extra

2 EL. Apfelessig

Grobes Salz und schwarzer Pfeffer

Vorbereitung

Alle Dressing-Zutaten mischen.

Mit den restlichen Zutaten vermengen und gut vermischen.

Artischockenherzen und Pflaumen-Tomaten-Salat

Zutaten:

6 Artischockenherzen (in Dosen)

5 mittelgroße Pflaumentomaten, längs halbiert, entkernt und in dünne Scheiben geschnitten

1/4 weiße Zwiebel, geschält, längs halbiert und in dünne Scheiben geschnitten

1 große Gurke, längs halbiert und in dünne Scheiben geschnitten

Dressing

¼ Tasse natives Olivenöl extra

2 Spritzer Weißweinessig

Grobes Salz und schwarzer Pfeffer

Vorbereitung

Alle Dressing-Zutaten mischen.

Mit den restlichen Zutaten vermengen und gut vermischen.

Baby Mais- und Pflaumentomatensalat

Zutaten:

½ Tasse Babymais aus der Dose

5 mittelgroße Pflaumentomaten, längs halbiert, entkernt und in dünne Scheiben geschnitten

1/4 weiße Zwiebel, geschält, längs halbiert und in dünne Scheiben geschnitten

1 große Zucchini längs halbiert, in dünne Scheiben geschnitten und blanchiert

Dressing

¼ Tasse natives Olivenöl extra

2 Spritzer Weißweinessig

Grobes Salz und schwarzer Pfeffer

Vorbereitung

Alle Dressing-Zutaten mischen.

Mit den restlichen Zutaten vermengen und gut vermischen.

Gemischter Grün- und Tomatensalat

Zutaten:

1 Bund Meslcun, abgespült und abgetropft

5 mittelgroße Tomaten, längs halbiert, entkernt und in dünne Scheiben geschnitten

1/4 weiße Zwiebel, geschält, längs halbiert und in dünne Scheiben geschnitten

1 große Gurke, längs halbiert und in dünne Scheiben geschnitten

Dressing

¼ Tasse natives Olivenöl extra

2 EL. Apfelessig

Grobes Salz und schwarzer Pfeffer

Vorbereitung

Alle Dressing-Zutaten mischen.

Mit den restlichen Zutaten vermengen und gut vermischen.

Römersalat und Pflaumen-Tomaten-Salat

Zutaten:

1 Bund Römersalat, abgespült und abgetropft

5 mittelgroße Pflaumentomaten, längs halbiert, entkernt und in

dünne Scheiben geschnitten

1/4 weiße Zwiebel, geschält, längs halbiert und in dünne Scheiben

geschnitten

1 große Gurke, längs halbiert und in dünne Scheiben geschnitten

Dressing

¼ Tasse natives Olivenöl extra

2 Spritzer Weißweinessig

Grobes Salz und schwarzer Pfeffer

Vorbereitung

Alle Dressing-Zutaten mischen.

Mit den restlichen Zutaten vermengen und gut vermischen.

Salat mit Endivien- und Enoki-Pilzen

Zutaten:

1 Bund Endivie, abgespült und abgetropft

15 Enoki-Pilze, in dünne Scheiben geschnitten

1/4 weiße Zwiebel, geschält, längs halbiert und in dünne Scheiben geschnitten

1 große Gurke, längs halbiert und in dünne Scheiben geschnitten

Dressing

¼ Tasse natives Olivenöl extra

2 Spritzer Weißweinessig

Grobes Salz und schwarzer Pfeffer

Vorbereitung

Alle Dressing-Zutaten mischen.

Mit den restlichen Zutaten vermengen und gut vermischen.

Artischocken-Tomaten-Salat

Zutaten:

1 Artischocke, abgespült und abgetropft

5 mittelgroße Tomaten, längs halbiert, entkernt und in dünne

Scheiben geschnitten

1/4 weiße Zwiebel, geschält, längs halbiert und in dünne Scheiben

geschnitten

1 große Zucchini längs halbiert, in dünne Scheiben geschnitten

und blanchiert

Dressing

¼ Tasse natives Olivenöl extra

2 Spritzer Weißweinessig

Grobes Salz und schwarzer Pfeffer

Vorbereitung

Alle Dressing-Zutaten mischen.

Mit den restlichen Zutaten vermengen und gut vermischen.

Grünkohl und Erbstück Tomatensalat

Zutaten:

1 Bund Grünkohl, abgespült und abgetropft

3 Heirloom-Tomaten, längs halbiert, entkernt und in dünne
Scheiben geschnitten

1/4 weiße Zwiebel, geschält, längs halbiert und in dünne Scheiben
geschnitten

1 große Gurke, längs halbiert und in dünne Scheiben geschnitten

Dressing

¼ Tasse natives Olivenöl extra

2 EL. Apfelessig

Grobes Salz und schwarzer Pfeffer

Vorbereitung

Alle Dressing-Zutaten mischen.

Mit den restlichen Zutaten vermengen und gut vermischen.

Spinat-Tomatillo-Salat

Zutaten:

1 Bund Spinat, gewaschen und abgetropft

10 Tomatillos, längs halbiert, entkernt und in dünne Scheiben geschnitten

1/4 weiße Zwiebel, geschält, längs halbiert und in dünne Scheiben geschnitten

1 große Gurke, längs halbiert und in dünne Scheiben geschnitten

Dressing

¼ Tasse natives Olivenöl extra

2 Spritzer Weißweinessig

Grobes Salz und schwarzer Pfeffer

Vorbereitung

Alle Dressing-Zutaten mischen.

Mit den restlichen Zutaten vermengen und gut vermischen.

Mesclun und Enoki Pilzsalat

Zutaten:

1 Bund Meslcun, abgespült und abgetropft

15 Enoki-Pilze, in dünne Scheiben geschnitten

1/4 weiße Zwiebel, geschält, längs halbiert und in dünne Scheiben geschnitten

1 große Gurke, längs halbiert und in dünne Scheiben geschnitten

Dressing

¼ Tasse natives Olivenöl extra

2 Spritzer Weißweinessig

Grobes Salz und schwarzer Pfeffer

Vorbereitung

Alle Dressing-Zutaten mischen.

Mit den restlichen Zutaten vermengen und gut vermischen.

Römersalat und Gurkensalat

Zutaten:

1 Bund Römersalat, abgespült und abgetropft

5 mittelgroße Pflaumentomaten, längs halbiert, entkernt und in dünne Scheiben geschnitten

1/4 weiße Zwiebel, geschält, längs halbiert und in dünne Scheiben geschnitten

1 große Gurke, längs halbiert und in dünne Scheiben geschnitten

Dressing

¼ Tasse natives Olivenöl extra

2 EL. Apfelessig

Grobes Salz und schwarzer Pfeffer

Vorbereitung

Alle Dressing-Zutaten mischen.

Mit den restlichen Zutaten vermengen und gut vermischen.

Grünkohl-Spinat-Zucchini-Salat

Zutaten:

1 Bund Grünkohl, abgespült und abgetropft

1 Bund Spinat, gewaschen und abgetropft

1/4 weiße Zwiebel, geschält, längs halbiert und in dünne Scheiben geschnitten

1 große Zucchini längs halbiert, in dünne Scheiben geschnitten und blanchiert

Dressing

¼ Tasse natives Olivenöl extra

2 Spritzer Weißweinessig

Grobes Salz und schwarzer Pfeffer

Vorbereitung

Alle Dressing-Zutaten mischen.

Mit den restlichen Zutaten vermengen und gut vermischen.

Artischockenkohl und Enoki-Pilzsalat Sala

Zutaten:

1 Artischocke, abgespült und abgetropft

1 Bund Grünkohl, abgespült und abgetropft

15 Enoki-Pilze, in dünne Scheiben geschnitten

1/4 weiße Zwiebel, geschält, längs halbiert und in dünne Scheiben geschnitten

1 große Gurke, längs halbiert und in dünne Scheiben geschnitten

Dressing

¼ Tasse natives Olivenöl extra

2 Spritzer Weißweinessig

Grobes Salz und schwarzer Pfeffer

Vorbereitung

Alle Dressing-Zutaten mischen.

Mit den restlichen Zutaten vermengen und gut vermischen.

Endivien- und Artischockensalat

Zutaten:

1 Bund Endivie, abgespült und abgetropft

1 Artischocke, abgespült und abgetropft

1 große Gurke, längs halbiert und in dünne Scheiben geschnitten

Dressing

¼ Tasse natives Olivenöl extra

2 Spritzer Weißweinessig

Grobes Salz und schwarzer Pfeffer

Vorbereitung

Alle Dressing-Zutaten mischen.

Mit den restlichen Zutaten vermengen und gut vermischen.

Endivien- und Zucchinisalat

Zutaten:

1 Bund Römersalat, abgespült und abgetropft

1 Bund Endivie, abgespült und abgetropft

1 große Zucchini längs halbiert, in dünne Scheiben geschnitten und blanchiert

Dressing

¼ Tasse natives Olivenöl extra

2 Spritzer Weißweinessig

Grobes Salz und schwarzer Pfeffer

Vorbereitung

Alle Dressing-Zutaten mischen.

Mit den restlichen Zutaten vermengen und gut vermischen.

Salat aus Mesclun und Römersalat

Zutaten:

1 Bund Meslcun, abgespült und abgetropft

1 Bund Römersalat, abgespült und abgetropft

1/4 weiße Zwiebel, geschält, längs halbiert und in dünne Scheiben geschnitten

1 große Gurke, längs halbiert und in dünne Scheiben geschnitten

Dressing

¼ Tasse natives Olivenöl extra

2 EL. Apfelessig

Grobes Salz und schwarzer Pfeffer

Vorbereitung

Alle Dressing-Zutaten mischen.

Mit den restlichen Zutaten vermengen und gut vermischen.

Gemischter Grün- und Tomatillo-Salat

Zutaten:

1 Bund Meslcun, abgespült und abgetropft

1 Bund Römersalat, abgespült und abgetropft

10 Tomatillos, längs halbiert, entkernt und in dünne Scheiben geschnitten

1/4 weiße Zwiebel, geschält, längs halbiert und in dünne Scheiben geschnitten

1 große Zucchini längs halbiert, in dünne Scheiben geschnitten und blanchiert

Dressing

¼ Tasse natives Olivenöl extra

2 Spritzer Weißweinessig

Grobes Salz und schwarzer Pfeffer

Vorbereitung

Alle Dressing-Zutaten mischen.

Mit den restlichen Zutaten vermengen und gut vermischen.

Römersalat und Endiviensalat

Zutaten:

1 Bund Römersalat, abgespült und abgetropft

1 Bund Endivie, abgespült und abgetropft

5 mittelgroße Pflaumentomaten, längs halbiert, entkernt und in dünne Scheiben geschnitten

1/4 weiße Zwiebel, geschält, längs halbiert und in dünne Scheiben geschnitten

1 große Gurke, längs halbiert und in dünne Scheiben geschnitten

Dressing

¼ Tasse natives Olivenöl extra

2 Spritzer Weißweinessig

Grobes Salz und schwarzer Pfeffer

Vorbereitung

Alle Dressing-Zutaten mischen.

Mit den restlichen Zutaten vermengen und gut vermischen.

Artischocken- und Grünkohlsalat

Zutaten:

1 Artischocke, abgespült und abgetropft

1 Bund Grünkohl, abgespült und abgetropft

3 Heirloom-Tomaten, längs halbiert, entkernt und in dünne

Scheiben geschnitten

1/4 weiße Zwiebel, geschält, längs halbiert und in dünne Scheiben

geschnitten

1 große Gurke, längs halbiert und in dünne Scheiben geschnitten

Dressing

¼ Tasse natives Olivenöl extra

2 Spritzer Weißweinessig

Grobes Salz und schwarzer Pfeffer

Vorbereitung

Alle Dressing-Zutaten mischen.

Mit den restlichen Zutaten vermengen und gut vermischen.

Grünkohl-Spinat-Salat

Zutaten:

1 Bund Grünkohl, abgespült und abgetropft

1 Bund Spinat, gewaschen und abgetropft

15 Enoki-Pilze, in dünne Scheiben geschnitten

1/4 weiße Zwiebel, geschält, längs halbiert und in dünne Scheiben geschnitten

1 große Gurke, längs halbiert und in dünne Scheiben geschnitten

Dressing

¼ Tasse natives Olivenöl extra

2 Spritzer Weißweinessig

Grobes Salz und schwarzer Pfeffer

Vorbereitung

Alle Dressing-Zutaten mischen.

Mit den restlichen Zutaten vermengen und gut vermischen.

Karotten-Pflaumen-Tomaten-Salat

Zutaten:

1 Tasse Babykarotten, gehackt

5 mittelgroße Pflaumentomaten, längs halbiert, entkernt und in dünne Scheiben geschnitten

1/4 weiße Zwiebel, geschält, längs halbiert und in dünne Scheiben geschnitten

1 große Gurke, längs halbiert und in dünne Scheiben geschnitten

Dressing

¼ Tasse natives Olivenöl extra

2 EL. Apfelessig

Grobes Salz und schwarzer Pfeffer

Vorbereitung

Alle Dressing-Zutaten mischen.

Mit den restlichen Zutaten vermengen und gut vermischen.

Mais- und Pflaumen-Tomatensalat

Zutaten:

1 Tasse Babymais (Dosen), abgetropft

5 mittelgroße Pflaumentomaten, längs halbiert, entkernt und in dünne Scheiben geschnitten

1/4 weiße Zwiebel, geschält, längs halbiert und in dünne Scheiben geschnitten

1 große Zucchini längs halbiert, in dünne Scheiben geschnitten und blanchiert

Dressing

¼ Tasse natives Olivenöl extra

2 Spritzer Weißweinessig

Grobes Salz und schwarzer Pfeffer

Vorbereitung

Alle Dressing-Zutaten mischen.

Mit den restlichen Zutaten vermengen und gut vermischen.

Gemischter grüner und Baby-Karottensalat

Zutaten:

1 Bund Meslcun, abgespült und abgetropft

1 Tasse Babykarotten, gehackt

1 große Gurke, längs halbiert und in dünne Scheiben geschnitten

Dressing

¼ Tasse natives Olivenöl extra

2 Spritzer Weißweinessig

Grobes Salz und schwarzer Pfeffer

Vorbereitung

Alle Dressing-Zutaten mischen.

Mit den restlichen Zutaten vermengen und gut vermischen.

Römersalat und Babymaissalat

Zutaten:

1 Bund Römersalat, abgespült und abgetropft

1 Tasse Babymais (Dosen), abgetropft

1 große Gurke, längs halbiert und in dünne Scheiben geschnitten

Dressing

¼ Tasse natives Olivenöl extra

2 Spritzer Weißweinessig

Grobes Salz und schwarzer Pfeffer

Vorbereitung

Alle Dressing-Zutaten mischen.

Mit den restlichen Zutaten vermengen und gut vermischen.

Babymais- und Endiviensalat

Zutaten:

1 Tasse Babymais (Dosen), abgetropft

1 Bund Endivie, abgespült und abgetropft

1/4 weiße Zwiebel, geschält, längs halbiert und in dünne Scheiben
geschnitten

1 große Zucchini längs halbiert, in dünne Scheiben geschnitten
und blanchiert

Dressing

¼ Tasse natives Olivenöl extra

2 EL. Apfelessig

Grobes Salz und schwarzer Pfeffer

Vorbereitung

Alle Dressing-Zutaten mischen.

Mit den restlichen Zutaten vermengen und gut vermischen.

Blumenkohl-Tomatillo-Salat

Zutaten:

9 Blumenkohlröschen, blanchiert und abgetropft

10 Tomatillos, längs halbiert, entkernt und in dünne Scheiben geschnitten

1/4 weiße Zwiebel, geschält, längs halbiert und in dünne Scheiben geschnitten

1 große Gurke, längs halbiert und in dünne Scheiben geschnitten

Dressing

¼ Tasse natives Olivenöl extra

2 Spritzer Weißweinessig

Grobes Salz und schwarzer Pfeffer

Vorbereitung

Alle Dressing-Zutaten mischen.

Mit den restlichen Zutaten vermengen und gut vermischen.

Brokkoli- und Tomatillo-Salat

Zutaten:

8 Brokkoliröschen, blanchiert und abgetropft

10 Tomatillos, längs halbiert, entkernt und in dünne Scheiben geschnitten

1/4 weiße Zwiebel, geschält, längs halbiert und in dünne Scheiben geschnitten

1 große Gurke, längs halbiert und in dünne Scheiben geschnitten

Dressing

¼ Tasse natives Olivenöl extra

2 Spritzer Weißweinessig

Grobes Salz und schwarzer Pfeffer

Vorbereitung

Alle Dressing-Zutaten mischen.

Mit den restlichen Zutaten vermengen und gut vermischen.

Spinat-Blumenkohl-Salat

Zutaten:

1 Bund Spinat, gewaschen und abgetropft

9 Blumenkohlröschen, blanchiert und abgetropft

1 große Zucchini längs halbiert, in dünne Scheiben geschnitten und blanchiert

Dressing

¼ Tasse natives Olivenöl extra

2 Spritzer Weißweinessig

Grobes Salz und schwarzer Pfeffer

Vorbereitung

Alle Dressing-Zutaten mischen.

Mit den restlichen Zutaten vermengen und gut vermischen.

Grünkohl-Brokkoli-Salat

Zutaten:

1 Bund Grünkohl, abgespült und abgetropft

8 Brokkoliröschen, blanchiert und abgetropft

1 große Gurke, längs halbiert und in dünne Scheiben geschnitten

Dressing

¼ Tasse natives Olivenöl extra

2 Spritzer Weißweinessig

Grobes Salz und schwarzer Pfeffer

Vorbereitung

Alle Dressing-Zutaten mischen.

Mit den restlichen Zutaten vermengen und gut vermischen.

Grünkohl-Spinat-Brokkoli-Salat

Zutaten:

1 Bund Grünkohl, abgespült und abgetropft

8 Brokkoliröschen, blanchiert und abgetropft

1 Bund Spinat, gewaschen und abgetropft

Dressing

¼ Tasse natives Olivenöl extra

2 Spritzer Weißweinessig

Grobes Salz und schwarzer Pfeffer

Vorbereitung

Alle Dressing-Zutaten mischen.

Mit den restlichen Zutaten vermengen und gut vermischen.

Artischocken-Grünkohl und Brokkoli-Salat

Zutaten:

1 Artischocke, abgespült und abgetropft

1 Bund Grünkohl, abgespült und abgetropft

8 Brokkoliröschen, blanchiert und abgetropft

Dressing

¼ Tasse natives Olivenöl extra

2 Spritzer Weißweinessig

Grobes Salz und schwarzer Pfeffer

Vorbereitung

Alle Dressing-Zutaten mischen.

Mit den restlichen Zutaten vermengen und gut vermischen.

Babymais- und Endiviensalat

Zutaten:

1 Tasse Babymais (Dosen), abgetropft

1 Bund Endivie, abgespült und abgetropft

1 Artischocke, abgespült und abgetropft

Dressing

¼ Tasse natives Olivenöl extra

2 EL. Apfelessig

Grobes Salz und schwarzer Pfeffer

Vorbereitung

Alle Dressing-Zutaten mischen.

Mit den restlichen Zutaten vermengen und gut vermischen.

Gemischter grüner und Baby-Karottensalat

Zutaten:

1 Bund Meslcun, abgespült und abgetropft

1 Tasse Babykarotten, gehackt

1 Bund Römersalat, abgespült und abgetropft

Dressing

¼ Tasse natives Olivenöl extra

2 Spritzer Weißweinessig

Grobes Salz und schwarzer Pfeffer

Vorbereitung

Alle Dressing-Zutaten mischen.

Mit den restlichen Zutaten vermengen und gut vermischen.

Tomatillo- und Babymaissalat

Zutaten:

10 Tomatillos, längs halbiert, entkernt und in dünne Scheiben geschnitten

1 Tasse Babymais (Dosen), abgetropft

1 Bund Endivie, abgespült und abgetropft

1 Artischocke, abgespült und abgetropft

Dressing

¼ Tasse natives Olivenöl extra

2 Spritzer Weißweinessig

Grobes Salz und schwarzer Pfeffer

Vorbereitung

Alle Dressing-Zutaten mischen.

Mit den restlichen Zutaten vermengen und gut vermischen.

Enoki und Baby-Maissalat

Zutaten:

15 Enoki-Pilze, in dünne Scheiben geschnitten

1 Tasse Babymais (Dosen), abgetropft

1 Bund Endivie, abgespült und abgetropft

1 Artischocke, abgespült und abgetropft

Dressing

¼ Tasse natives Olivenöl extra

2 EL. Apfelessig

Grobes Salz und schwarzer Pfeffer

Vorbereitung

Alle Dressing-Zutaten mischen.

Mit den restlichen Zutaten vermengen und gut vermischen.

Heirloom-Tomaten-Endivien- und Artischocken-Salat

Zutaten:

3 Heirloom-Tomaten, längs halbiert, entkernt und in dünne
Scheiben geschnitten

1 Bund Endivie, abgespült und abgetropft

1 Artischocke, abgespült und abgetropft

1 Bund Grünkohl, abgespült und abgetropft

Dressing

¼ Tasse natives Olivenöl extra

2 Spritzer Weißweinessig

Grobes Salz und schwarzer Pfeffer

Vorbereitung

Alle Dressing-Zutaten mischen.

Mit den restlichen Zutaten vermengen und gut vermischen.

Grünkohl-Pflaumen-Tomaten-Zwiebel-Salat

Zutaten:

1 Bund Grünkohl, abgespült und abgetropft

5 mittelgroße Pflaumentomaten, längs halbiert, entkernt und in dünne Scheiben geschnitten

1/4 weiße Zwiebel, geschält, längs halbiert und in dünne Scheiben geschnitten

1 große Gurke, längs halbiert und in dünne Scheiben geschnitten

Dressing

¼ Tasse natives Olivenöl extra

2 Spritzer Weißweinessig

Grobes Salz und schwarzer Pfeffer

Vorbereitung

Alle Dressing-Zutaten mischen.

Mit den restlichen Zutaten vermengen und gut vermischen.

Spinat-Pflaumen-Tomaten-Zwiebel-Salat

Zutaten:

1 Bund Spinat, abgespült und abgetropft

5 mittelgroße Pflaumentomaten, längs halbiert, entkernt und in dünne Scheiben geschnitten

1/4 weiße Zwiebel, geschält, längs halbiert und in dünne Scheiben geschnitten

1 große Gurke, längs halbiert und in dünne Scheiben geschnitten

Dressing

¼ Tasse natives Olivenöl extra

2 Spritzer Weißweinessig

Grobes Salz und schwarzer Pfeffer

Vorbereitung

Alle Dressing-Zutaten mischen.

Mit den restlichen Zutaten vermengen und gut vermischen.

Brunnenkresse und Zucchinisalat

Zutaten:

1 Bund Brunnenkresse, abgespült und abgetropft

5 mittelgroße Pflaumentomaten, längs halbiert, entkernt und in dünne Scheiben geschnitten

1/4 weiße Zwiebel, geschält, längs halbiert und in dünne Scheiben geschnitten

1 große Zucchini längs halbiert, in dünne Scheiben geschnitten und blanchiert

Dressing

¼ Tasse natives Olivenöl extra

2 EL. Apfelessig

Grobes Salz und schwarzer Pfeffer

Vorbereitung

Alle Dressing-Zutaten mischen.

Mit den restlichen Zutaten vermengen und gut vermischen.

Mango-Tomaten und Gurkensalat

Zutaten:

1 Tasse gewürfelte Mangos

5 mittelgroße Pflaumentomaten, längs halbiert, entkernt und in dünne Scheiben geschnitten

1/4 weiße Zwiebel, geschält, längs halbiert und in dünne Scheiben geschnitten

1 große Gurke, längs halbiert und in dünne Scheiben geschnitten

Dressing

¼ Tasse natives Olivenöl extra

2 Spritzer Weißweinessig

Grobes Salz und schwarzer Pfeffer

Vorbereitung

Alle Dressing-Zutaten mischen.

Mit den restlichen Zutaten vermengen und gut vermischen.

Pfirsich-Tomaten-Zwiebel-Salat

Zutaten:

1 Tasse gewürfelte Pfirsiche

5 mittelgroße Tomaten, längs halbiert, entkernt und in dünne Scheiben geschnitten

1/4 weiße Zwiebel, geschält, längs halbiert und in dünne Scheiben geschnitten

1 große Gurke, längs halbiert und in dünne Scheiben geschnitten

Dressing

¼ Tasse natives Olivenöl extra

2 Spritzer Weißweinessig

Grobes Salz und schwarzer Pfeffer

Vorbereitung

Alle Dressing-Zutaten mischen.

Mit den restlichen Zutaten vermengen und gut vermischen.

Schwarze Trauben Tomatillo und weiße Zwiebel

Zutaten:

12 Stk. schwarze Trauben

10 Tomatillos, längs halbiert, entkernt und in dünne Scheiben geschnitten

1/4 weiße Zwiebel, geschält, längs halbiert und in dünne Scheiben geschnitten

1 große Gurke, längs halbiert und in dünne Scheiben geschnitten

Dressing

¼ Tasse natives Olivenöl extra

2 Spritzer Weißweinessig

Grobes Salz und schwarzer Pfeffer

Vorbereitung

Alle Dressing-Zutaten mischen.

Mit den restlichen Zutaten vermengen und gut vermischen.

Tomatensalat mit roten Trauben und Zucchini Sala

Zutaten:

10 Stk. rote Trauben

3 Heirloom-Tomaten, längs halbiert, entkernt und in dünne Scheiben geschnitten

1/4 weiße Zwiebel, geschält, längs halbiert und in dünne Scheiben geschnitten

1 große Zucchini längs halbiert, in dünne Scheiben geschnitten und blanchiert

Dressing

¼ Tasse natives Olivenöl extra

2 Spritzer Weißweinessig

Grobes Salz und schwarzer Pfeffer

Vorbereitung

Alle Dressing-Zutaten mischen.

Mit den restlichen Zutaten vermengen und gut vermischen.

Rotkohl-Pflaumen-Tomaten-Zwiebel-Salat

Zutaten:

1/2 mittelgroßer Rotkohl, in dünne Scheiben geschnitten

5 mittelgroße Pflaumentomaten, längs halbiert, entkernt und in dünne Scheiben geschnitten

1/4 weiße Zwiebel, geschält, längs halbiert und in dünne Scheiben geschnitten

1 große Gurke, längs halbiert und in dünne Scheiben geschnitten

Dressing

¼ Tasse natives Olivenöl extra

2 EL. Apfelessig

Grobes Salz und schwarzer Pfeffer

Vorbereitung

Alle Dressing-Zutaten mischen.

Mit den restlichen Zutaten vermengen und gut vermischen.

Napa Kohl-Pflaumen-Tomaten-Gurken-Salat

Zutaten:

1/2 mittelgroßer Napa-Kohl, in dünne Scheiben geschnitten

5 mittelgroße Pflaumentomaten, längs halbiert, entkernt und in dünne Scheiben geschnitten

1/4 weiße Zwiebel, geschält, längs halbiert und in dünne Scheiben geschnitten

1 große Gurke, längs halbiert und in dünne Scheiben geschnitten

Dressing

¼ Tasse natives Olivenöl extra

2 EL. Apfelessig

Grobes Salz und schwarzer Pfeffer

Vorbereitung

Alle Dressing-Zutaten mischen.

Mit den restlichen Zutaten vermengen und gut vermischen.

Rot- und Napakohlsalat

Zutaten:

1/2 mittelgroßer Rotkohl, in dünne Scheiben geschnitten

1/2 mittelgroßer Napa-Kohl, in dünne Scheiben geschnitten

1/4 weiße Zwiebel, geschält, längs halbiert und in dünne Scheiben geschnitten

1 große Zucchini längs halbiert, in dünne Scheiben geschnitten und blanchiert

Dressing

¼ Tasse natives Olivenöl extra

2 Spritzer Weißweinessig

Grobes Salz und schwarzer Pfeffer

Vorbereitung

Alle Dressing-Zutaten mischen.

Mit den restlichen Zutaten vermengen und gut vermischen.

Schwarzer und roter Traubensalat

Zutaten:

12 Stk. schwarze Trauben

10 Stk. rote Trauben

1/4 weiße Zwiebel, geschält, längs halbiert und in dünne Scheiben geschnitten

1 große Gurke, längs halbiert und in dünne Scheiben geschnitten

Dressing

¼ Tasse natives Olivenöl extra

2 Spritzer Weißweinessig

Grobes Salz und schwarzer Pfeffer

Vorbereitung

Alle Dressing-Zutaten mischen.

Mit den restlichen Zutaten vermengen und gut vermischen.

Mango-Pfirsiche und Gurkensalat

Zutaten:

1 Tasse gewürfelte Mangos

1 Tasse gewürfelte Pfirsiche

1/4 weiße Zwiebel, geschält, längs halbiert und in dünne Scheiben geschnitten

1 große Gurke, längs halbiert und in dünne Scheiben geschnitten

Dressing

¼ Tasse natives Olivenöl extra

2 Spritzer Weißweinessig

Grobes Salz und schwarzer Pfeffer

Vorbereitung

Alle Dressing-Zutaten mischen.

Mit den restlichen Zutaten vermengen und gut vermischen.

Brunnenkresse Enoki-Pilz und Zucchini-Salat

Zutaten:

1 Bund Brunnenkresse, abgespült und abgetropft

15 Enoki-Pilze, in dünne Scheiben geschnitten

1/4 weiße Zwiebel, geschält, längs halbiert und in dünne Scheiben geschnitten

1 große Zucchini längs halbiert, in dünne Scheiben geschnitten und blanchiert

Dressing

¼ Tasse natives Olivenöl extra

2 Spritzer Weißweinessig

Grobes Salz und schwarzer Pfeffer

Vorbereitung

Alle Dressing-Zutaten mischen.

Mit den restlichen Zutaten vermengen und gut vermischen.

Grünkohl-Spinat-Gurken-Salat

Zutaten:

1 Bund Grünkohl, abgespült und abgetropft

1 Bund Spinat, abgespült und abgetropft

1/4 weiße Zwiebel, geschält, längs halbiert und in dünne Scheiben geschnitten

1 große Gurke, längs halbiert und in dünne Scheiben geschnitten

Dressing

¼ Tasse natives Olivenöl extra

2 EL. Apfelessig

Grobes Salz und schwarzer Pfeffer

Vorbereitung

Alle Dressing-Zutaten mischen.

Mit den restlichen Zutaten vermengen und gut vermischen.

Grünkohl-Tomaten-Zucchini-Salat

Zutaten:

1 Bund Grünkohl, abgespült und abgetropft

5 mittelgroße Pflaumentomaten, längs halbiert, entkernt und in dünne Scheiben geschnitten

1/4 weiße Zwiebel, geschält, längs halbiert und in dünne Scheiben geschnitten

1 große Zucchini längs halbiert, in dünne Scheiben geschnitten und blanchiert

Dressing

¼ Tasse natives Olivenöl extra

2 Spritzer Weißweinessig

Grobes Salz und schwarzer Pfeffer

Vorbereitung

Alle Dressing-Zutaten mischen.

Mit den restlichen Zutaten vermengen und gut vermischen.

Spinat-Pflaumen-Tomaten-Gurken-Salat

Zutaten:

1 Bund Spinat, abgespült und abgetropft

5 mittelgroße Pflaumentomaten, längs halbiert, entkernt und in dünne Scheiben geschnitten

1/4 weiße Zwiebel, geschält, längs halbiert und in dünne Scheiben geschnitten

1 große Gurke, längs halbiert und in dünne Scheiben geschnitten

Dressing

¼ Tasse natives Olivenöl extra

2 EL. Apfelessig

Grobes Salz und schwarzer Pfeffer

Vorbereitung

Alle Dressing-Zutaten mischen.

Mit den restlichen Zutaten vermengen und gut vermischen.

Brunnenkresse-Tomatillo-Gurken-Salat

Zutaten:

1 Bund Brunnenkresse, abgespült und abgetropft

10 Tomatillos, längs halbiert, entkernt und in dünne Scheiben geschnitten

1/4 weiße Zwiebel, geschält, längs halbiert und in dünne Scheiben geschnitten

1 große Gurke, längs halbiert und in dünne Scheiben geschnitten

Dressing

¼ Tasse natives Olivenöl extra

2 Spritzer Weißweinessig

Grobes Salz und schwarzer Pfeffer

Vorbereitung

Alle Dressing-Zutaten mischen.

Mit den restlichen Zutaten vermengen und gut vermischen.

Mangos Heirloom Tomaten und Gurkensalat

Zutaten:

1 Tasse gewürfelte Mangos

3 Heirloom-Tomaten, längs halbiert, entkernt und in dünne

Scheiben geschnitten

1/4 weiße Zwiebel, geschält, längs halbiert und in dünne Scheiben

geschnitten

1 große Gurke, längs halbiert und in dünne Scheiben geschnitten

Dressing

¼ Tasse natives Olivenöl extra

2 Spritzer Weißweinessig

Grobes Salz und schwarzer Pfeffer

Vorbereitung

Alle Dressing-Zutaten mischen.

Mit den restlichen Zutaten vermengen und gut vermischen.

Pfirsiche und Tomatensalat

Zutaten:

1 Tasse gewürfelte Pfirsiche

5 mittelgroße Tomaten, längs halbiert, entkernt und in dünne
Scheiben geschnitten

1/4 weiße Zwiebel, geschält, längs halbiert und in dünne Scheiben
geschnitten

1 große Gurke, längs halbiert und in dünne Scheiben geschnitten

Dressing

¼ Tasse natives Olivenöl extra

2 EL. Apfelessig

Grobes Salz und schwarzer Pfeffer

Vorbereitung

Alle Dressing-Zutaten mischen.

Mit den restlichen Zutaten vermengen und gut vermischen.

Tomatensalat mit schwarzen Trauben und Pflaumen

Zutaten:

12 Stk. schwarze Trauben

5 mittelgroße Pflaumentomaten, längs halbiert, entkernt und in

dünne Scheiben geschnitten

1/4 weiße Zwiebel, geschält, längs halbiert und in dünne Scheiben

geschnitten

1 große Gurke, längs halbiert und in dünne Scheiben geschnitten

Dressing

¼ Tasse natives Olivenöl extra

2 Spritzer Weißweinessig

Grobes Salz und schwarzer Pfeffer

Vorbereitung

Alle Dressing-Zutaten mischen.

Mit den restlichen Zutaten vermengen und gut vermischen.

Salat mit roten Trauben und Zucchini

Zutaten:

10 Stk. rote Trauben

5 mittelgroße Pflaumentomaten, längs halbiert, entkernt und in dünne Scheiben geschnitten

1/4 weiße Zwiebel, geschält, längs halbiert und in dünne Scheiben geschnitten

1 große Zucchini längs halbiert, in dünne Scheiben geschnitten und blanchiert

Dressing

¼ Tasse natives Olivenöl extra

2 Spritzer Weißweinessig

Grobes Salz und schwarzer Pfeffer

Vorbereitung

Alle Dressing-Zutaten mischen.

Mit den restlichen Zutaten vermengen und gut vermischen.

Rotkohl-Tomatillo-Salat

Zutaten:

1/2 mittelgroßer Rotkohl, in dünne Scheiben geschnitten

10 Tomatillos, längs halbiert, entkernt und in dünne Scheiben geschnitten

1/4 weiße Zwiebel, geschält, längs halbiert und in dünne Scheiben geschnitten

1 große Gurke, längs halbiert und in dünne Scheiben geschnitten

Dressing

¼ Tasse natives Olivenöl extra

2 Spritzer Weißweinessig

Grobes Salz und schwarzer Pfeffer

Vorbereitung

Alle Dressing-Zutaten mischen.

Mit den restlichen Zutaten vermengen und gut vermischen.

Napa Kohl Enoki Pilz-Gurken-Salat Cu

Zutaten:

1/2 mittelgroßer Napa-Kohl, in dünne Scheiben geschnitten

15 Enoki-Pilze, in dünne Scheiben geschnitten

1/4 weiße Zwiebel, geschält, längs halbiert und in dünne Scheiben geschnitten

1 große Gurke, längs halbiert und in dünne Scheiben geschnitten

Dressing

¼ Tasse natives Olivenöl extra

2 EL. Apfelessig

Grobes Salz und schwarzer Pfeffer

Vorbereitung

Alle Dressing-Zutaten mischen.

Mit den restlichen Zutaten vermengen und gut vermischen.

Ananas-Tomaten-Gurken-Salat

Zutaten:

1 Tasse Ananasstückchen aus der Dose

5 mittelgroße Pflaumentomaten, längs halbiert, entkernt und in

dünne Scheiben geschnitten

1/4 weiße Zwiebel, geschält, längs halbiert und in dünne Scheiben

geschnitten

1 große Gurke, längs halbiert und in dünne Scheiben geschnitten

Dressing

¼ Tasse natives Olivenöl extra

2 Spritzer Weißweinessig

Grobes Salz und schwarzer Pfeffer

Vorbereitung

Alle Dressing-Zutaten mischen.

Mit den restlichen Zutaten vermengen und gut vermischen.

Äpfel-Pflaumen-Tomaten-Gurken-Salat

Zutaten:

1 Tasse Fuji-Äpfel gewürfelt

5 mittelgroße Pflaumentomaten, längs halbiert, entkernt und in dünne Scheiben geschnitten

1/4 weiße Zwiebel, geschält, längs halbiert und in dünne Scheiben geschnitten

1 große Gurke, längs halbiert und in dünne Scheiben geschnitten

Dressing

¼ Tasse natives Olivenöl extra

2 Spritzer Weißweinessig

Grobes Salz und schwarzer Pfeffer

Vorbereitung

Alle Dressing-Zutaten mischen.

Mit den restlichen Zutaten vermengen und gut vermischen.

Kirschtomaten und Zwiebelsalat

Zutaten:

1/4 Tasse Kirschen

3 Heirloom-Tomaten, längs halbiert, entkernt und in dünne
Scheiben geschnitten

1/4 weiße Zwiebel, geschält, längs halbiert und in dünne Scheiben
geschnitten

1 große Zucchini längs halbiert, in dünne Scheiben geschnitten
und blanchiert

Dressing

¼ Tasse natives Olivenöl extra

2 Spritzer Weißweinessig

Grobes Salz und schwarzer Pfeffer

Vorbereitung

Alle Dressing-Zutaten mischen.

Mit den restlichen Zutaten vermengen und gut vermischen.

Gurken- und Tomatensalat

Zutaten:

1/2 Tasse Gurken

5 mittelgroße Tomaten, längs halbiert, entkernt und in dünne Scheiben geschnitten

1/4 weiße Zwiebel, geschält, längs halbiert und in dünne Scheiben geschnitten

1 große Gurke, längs halbiert und in dünne Scheiben geschnitten

Dressing

¼ Tasse natives Olivenöl extra

2 Spritzer Weißweinessig

Grobes Salz und schwarzer Pfeffer

Vorbereitung

Alle Dressing-Zutaten mischen.

Mit den restlichen Zutaten vermengen und gut vermischen.

Tomatillo- und Maissalat

Zutaten:

10 Tomatillos, längs halbiert, entkernt und in dünne Scheiben
geschnitten

1/2 Tasse Dosenmais

1 große Gurke, längs halbiert und in dünne Scheiben geschnitten

Dressing

¼ Tasse natives Olivenöl extra

2 EL. Apfelessig

Grobes Salz und schwarzer Pfeffer

Vorbereitung

Alle Dressing-Zutaten mischen.

Mit den restlichen Zutaten vermengen und gut vermischen.

Rotkohl-Artischocken und Gurkensalat

Zutaten:

1/2 mittelgroßer Rotkohl, in dünne Scheiben geschnitten

1 Tasse Artischocken in Dosen

1/2 mittelgroßer Napa-Kohl, in dünne Scheiben geschnitten

1 große Gurke, längs halbiert und in dünne Scheiben geschnitten

Dressing

¼ Tasse natives Olivenöl extra

2 Spritzer Weißweinessig

Grobes Salz und schwarzer Pfeffer

Vorbereitung

Alle Dressing-Zutaten mischen.

Mit den restlichen Zutaten vermengen und gut vermischen.

Mais-Rotkohl-Artischocken-Salat

Zutaten:

1/2 Tasse Dosenmais

1/2 mittelgroßer Rotkohl, in dünne Scheiben geschnitten

1 Tasse Artischocken in Dosen

1 große Gurke, längs halbiert und in dünne Scheiben geschnitten

Dressing

¼ Tasse natives Olivenöl extra

2 Spritzer Weißweinessig

Grobes Salz und schwarzer Pfeffer

Vorbereitung

Alle Dressing-Zutaten mischen.

Mit den restlichen Zutaten vermengen und gut vermischen.

Pickles Trauben und Maissalat

Zutaten:

1/2 Tasse Gurken

10 Stk. rote Trauben

1/2 Tasse Dosenmais

Dressing

¼ Tasse natives Olivenöl extra

2 Spritzer Weißweinessig

Grobes Salz und schwarzer Pfeffer

Vorbereitung

Alle Dressing-Zutaten mischen.

Mit den restlichen Zutaten vermengen und gut vermischen.

Pfirsich-Kirschen und Schwarztrauben-Salat

Zutaten:

1 Tasse gewürfelte Pfirsiche

1/4 Tasse Kirschen

12 Stk. schwarze Trauben

1/4 weiße Zwiebel, geschält, längs halbiert und in dünne Scheiben geschnitten

1 große Gurke, längs halbiert und in dünne Scheiben geschnitten

Dressing

¼ Tasse natives Olivenöl extra

2 EL. Apfelessig

Grobes Salz und schwarzer Pfeffer

Vorbereitung

Alle Dressing-Zutaten mischen.

Mit den restlichen Zutaten vermengen und gut vermischen.

Ananas-Mangos und Apfelsalat

Zutaten:

1 Tasse Ananasstückchen aus der Dose

1 Tasse gewürfelte Mangos

1 Tasse Fuji-Äpfel gewürfelt

1 große Zucchini längs halbiert, in dünne Scheiben geschnitten
und blanchiert

Dressing

¼ Tasse natives Olivenöl extra

2 Spritzer Weißweinessig

Grobes Salz und schwarzer Pfeffer

Vorbereitung

Alle Dressing-Zutaten mischen.

Mit den restlichen Zutaten vermengen und gut vermischen.

Grünkohl-Spinat-Brunnen-Salat

Zutaten:

1 Bund Grünkohl, abgespült und abgetropft

1 Bund Spinat, abgespült und abgetropft

1 Bund Brunnenkresse, abgespült und abgetropft

Dressing

¼ Tasse natives Olivenöl extra

2 Spritzer Weißweinessig

Grobes Salz und schwarzer Pfeffer

Vorbereitung

Alle Dressing-Zutaten mischen.

Mit den restlichen Zutaten vermengen und gut vermischen.

Brunnenkresse-Ananas-Mango-Salat

Zutaten:

1 Bund Brunnenkresse, abgespült und abgetropft

1 Tasse Ananasstückchen aus der Dose

1 Tasse gewürfelte Mangos

Dressing

¼ Tasse natives Olivenöl extra

2 EL. Apfelessig

Grobes Salz und schwarzer Pfeffer

Vorbereitung

Alle Dressing-Zutaten mischen.

Mit den restlichen Zutaten vermengen und gut vermischen.

Tomaten-Äpfel-Pfirsich-Salat

Zutaten:

5 mittelgroße Tomaten, längs halbiert, entkernt und in dünne

Scheiben geschnitten

1 Tasse Fuji-Äpfel gewürfelt

1 Tasse gewürfelte Pfirsiche

1/4 Tasse Kirschen

Dressing

¼ Tasse natives Olivenöl extra

2 Spritzer Weißweinessig

Grobes Salz und schwarzer Pfeffer

Vorbereitung

Alle Dressing-Zutaten mischen.

Mit den restlichen Zutaten vermengen und gut vermischen.

Enoki-Pilz-Mais-Rotkohl-Salat

Zutaten:

15 Enoki-Pilze, in dünne Scheiben geschnitten

1/2 Tasse Dosenmais

1/2 mittelgroßer Rotkohl, in dünne Scheiben geschnitten

1 Tasse Artischocken in Dosen

Dressing

¼ Tasse natives Olivenöl extra

2 Spritzer Weißweinessig

Grobes Salz und schwarzer Pfeffer

Vorbereitung

Alle Dressing-Zutaten mischen.

Mit den restlichen Zutaten vermengen und gut vermischen.

Tomatillos und Apfelsalat

Zutaten:

10 Tomatillos, längs halbiert, entkernt und in dünne Scheiben geschnitten

1 Tasse Fuji-Äpfel gewürfelt

1 Tasse gewürfelte Pfirsiche

Dressing

¼ Tasse natives Olivenöl extra

2 EL. Apfelessig

Grobes Salz und schwarzer Pfeffer

Vorbereitung

Alle Dressing-Zutaten mischen.

Mit den restlichen Zutaten vermengen und gut vermischen.

Tomaten-Essiggurken und Traubensalat

Zutaten:

3 Heirloom-Tomaten, längs halbiert, entkernt und in dünne

Scheiben geschnitten

1/2 Tasse Gurken

10 Stk. rote Trauben

1/2 Tasse Dosenmais

Dressing

¼ Tasse natives Olivenöl extra

2 Spritzer Weißweinessig

Grobes Salz und schwarzer Pfeffer

Vorbereitung

Alle Dressing-Zutaten mischen.

Mit den restlichen Zutaten vermengen und gut vermischen.

Rotkohl-Artischocken-Gurken-Salat

Zutaten:

1/2 mittelgroßer Rotkohl, in dünne Scheiben geschnitten

1 Tasse Artischocken in Dosen

1 große Gurke, längs halbiert und in dünne Scheiben geschnitten

Dressing

¼ Tasse natives Olivenöl extra

2 Spritzer Weißweinessig

Grobes Salz und schwarzer Pfeffer

Vorbereitung

Alle Dressing-Zutaten mischen.

Mit den restlichen Zutaten vermengen und gut vermischen.

Ananas-Mango-Apfel-Gurken-Salat

Zutaten:

1 Tasse Ananasstückchen aus der Dose

1 Tasse gewürfelte Mangos

1 Tasse Fuji-Äpfelwürfel

1 große Gurke, längs halbiert und in dünne Scheiben geschnitten

Dressing

¼ Tasse natives Olivenöl extra

2 Spritzer Weißweinessig

Grobes Salz und schwarzer Pfeffer

Vorbereitung

Alle Dressing-Zutaten mischen.

Mit den restlichen Zutaten vermengen und gut vermischen.

Artischocken-Napa-Kohl- und Gurkensalat

Zutaten:

1 Tasse Artischocken in Dosen

1/2 mittelgroßer Napa-Kohl, in dünne Scheiben geschnitten

1 große Gurke, längs halbiert und in dünne Scheiben geschnitten

Dressing

¼ Tasse natives Olivenöl extra

2 Spritzer Weißweinessig

Grobes Salz und schwarzer Pfeffer

Vorbereitung

Alle Dressing-Zutaten mischen.

Mit den restlichen Zutaten vermengen und gut vermischen.

Tomaten-Kohl-Karotten-Salat

Zutaten:

3 Heirloom-Tomaten, längs halbiert, entkernt und in dünne
Scheiben geschnitten

1/2 mittelgroßer Napa-Kohl, in dünne Scheiben geschnitten

5 Babykarotten

Dressing

¼ Tasse natives Olivenöl extra

2 Spritzer Weißweinessig

Grobes Salz und schwarzer Pfeffer

Vorbereitung

Alle Dressing-Zutaten mischen.

Mit den restlichen Zutaten vermengen und gut vermischen.

Napa Kohl-Karotten-Gurken-Salat

Zutaten:

1/2 mittelgroßer Napa-Kohl, in dünne Scheiben geschnitten

5 Babykarotten

1 große Gurke, längs halbiert und in dünne Scheiben geschnitten

Dressing

¼ Tasse natives Olivenöl extra

2 EL. Apfelessig

Grobes Salz und schwarzer Pfeffer

Vorbereitung

Alle Dressing-Zutaten mischen.

Mit den restlichen Zutaten vermengen und gut vermischen.

Gegrillter Blumenkohl-Tomaten-Salat

Zutaten:

5 Blumenkohlröschen

5 Stk. Rosenkohl

4 große Tomaten, dick geschnitten

¼ Tasse natives Olivenöl extra

Dressing-Zutaten

6 EL. Olivenöl

1 Teelöffel. Knoblauchpulver

Meersalz nach Geschmack

3 EL. destillierter weißer Essig

1 Teelöffel. Eifreie Mayonnaise

Vorbereitung

Den Grill auf mittlere Stufe vorheizen.

Das Gemüse mit ¼ Tasse Öl bestreichen.

Koch

Mit Salz und Pfeffer bestreuen und 4 min grillen. pro Seite.

Einmal umdrehen, damit Sie die Grillspuren auf dem Gemüse bekommen.

Alle Dressing-Zutaten mischen.

Über das Gemüse träufeln.

Salat mit gegrilltem Grünkohl und grünen Bohnen

Zutaten:

8 Stk. Grüne Bohnen

1 Bund Grünkohl, abgespült und abgetropft

¼ Tasse natives Olivenöl extra

Dressing

2 EL. Macadamianussöl

Steakgewürz, McCormick

3 EL. Trockener Sherry

1 EL. getrockneter Thymian

Vorbereitung

Den Grill auf mittlere Stufe vorheizen.

Das Gemüse mit ¼ Tasse Öl bestreichen.

Koch

Mit Salz und Pfeffer bestreuen und 4 min grillen. pro Seite.

Einmal umdrehen, damit Sie die Grillspuren auf dem Gemüse bekommen.

Alle Dressing-Zutaten mischen.

Über das Gemüse träufeln.

Salat mit gegrillten grünen Bohnen und Blumenkohl

Zutaten:

8 Stk. Grüne Bohnen

7 Brokkoliröschen

12 Unzen Auberginen (ca. 12 Unzen insgesamt), der Länge nach in

1/2 Zoll dicke Rechtecke geschnitten

4 große Tomaten, dick geschnitten

5 Blumenkohlröschen

¼ Tasse Macadamianussöl

Dressing-Zutaten

6 EL. Natives Olivenöl extra

Meersalz nach Geschmack

3 EL. Apfelessig

1 EL. Honig

1 Teelöffel. Eifreie Mayonnaise

Vorbereitung

Den Grill auf mittlere Stufe vorheizen.

Das Gemüse mit ¼ Tasse Öl bestreichen.

Koch

Mit Salz und Pfeffer bestreuen und 4 min grillen. pro Seite.

Einmal umdrehen, damit Sie die Grillspuren auf dem Gemüse bekommen.

Alle Dressing-Zutaten mischen.

Über das Gemüse träufeln.